パリジェンヌ流 着やせスタイリング

米澤よう子

幻冬舎文庫

パリジェンヌ流
着やせスタイリング

米澤よう子

Les astuces à la Parisienne pour paraître mince

Yoko Yonezawa.

トップス&ボトムスの境目を
目立たなくして細長く

別々の色味でも、濃さが同じであればちぐはぐせず、視覚的な統一感をもたらし、
スマート感がUP
タテラインがさえぎられる
上下黒の場合、肌とのコントラストが強い。レギンスで黒を延長
丈がNG

脚と同色シューズがひざ下を長く美しくする

ひざ下を長く
トゥの短いタイプと肌系トーンで延長
ex.
ピンク
コーラル
イエロー
ゴールド
ベージュ
厚底タイプは肌なじみの良いベージュ系が効く
甲が長くなる分、寸法がかせげる
細身ブーツで革のつやを利用し伸ばして見せる
スキマのないタイプを
トゥのプチ面積がアクセントカラーの効用を。
美肌度もUP&美脚に
甲をなるべく長く

カラースキニーで
スリム美脚

ストレッチが強いタイプは、ピチピチ感を際立たせぬよう、Dr.マーチンのブーツで視線外し
どっしりし
夏はきれい色にもトライ!
おなか部分にシワ、太ももピッタリにすれば、Wやせ効果に
シャツをラフに、背中にふくらみをもたせ、スキニーはかかとまで伸ばす

Skinny Couleurs
デニムと同系の青は失敗しない!。
ファーの厚みが、太ももやせ感へつなぐ
モノトーンゾーン
色
再びモノトーンでひざ下延長トリック!
Tweet♪
カラーでも、デニムと同じく形はスタンダードでOK♥ドンピシャサイズと、似合う色を試して、究極の一枚を探せば、スリム脚から外れない
同色トーン合わせで、全体がソフトな印象。そこにベルトで引き締め、きりっとさせる
膨張カラーにはベルト合わせでシェイプ感を

パーカでカジュアル & ヘルシーな細さを強調

Tweet♪
フード、ファスナー、ひも…アレンジいろいろできそう、
ウン! スタイルUPに使える✧ とことんシルエットを見比べて、定番ゲットにも慎重なのヨ
Parka
ゆるっと羽織ってワンピースとの対比を。ウエストから下の着やせねらい
フワッとフードでポイントを高くし、下まで一直線でスラリとさせる
メンズサイズを選び、下半身やせに効かせる

巻きもののボリュームを生かしてプチ顔に

二ツ折りにして輪に通したあと、ゆるめる。胸が豊かになり首のきゃしゃ度UP
この場合、ウエストマークは必ず
間のびしないように
うしろへ持って行く
フワッとヘアと同化させ、自然な山形を。全身のボリューム感が均一になり、おしゃれ度も上がる
存在感のあるスタイリングでポイントを上にしてカッコ良く
✦パリジェンヌの無造作巻き✦

ヴァネッサ・ブリューノの
スパンコール・トートで美シルエット

ヘア・アクセサリーは小顔を作る使い方を

Accessoires de cheveux
Tweet♪
ヘア飾りひとつだって、効き目がなきゃダメッ ふんわり豊かな髪に見せて、プチ・フェイス〜
クリップは、頭の形を美しくできる
耳のうしろをシェイプ、上下をふくらませる
モコモコ系が多くなる冬は、おだんごにしてふくらみ防止策を。
500円玉大のプチ・クリップがアクセント
ラフなみつ編みは、バレッタ留めで引き締める
パリ流最上限
頂点以上は背が低く見えて損

グリーン
vert
顔のすぐ下にくる色が顔映りに影響。グリーンならNo Problem!
大衿の
&
小顔見せコートで
マスタード
moutarde
マキシ丈がエキゾチックさも増してGood
レッド
rouge
肩・腰・丈の位置がしっかり合った
しっとりワンピースでヤセ感UP
深緑
vert foncé
ほぼ黒に近いグリーンは
マスカラに使って美瞳に
イエロー
jaune
素足のサンダルで軽快

東洋人の肌に似合うのは、黄味を帯びた色

スニーカーで大人バランスに仕上げる

Tweet♪
足もとガッシリ揺るぎなく
安定感＝存在感で
スニーカーももちろんシンプルひと筋!!
パリっぽい
大人仕上げで
美walking♪
革のドッシリタイプで足首きゃしゃ見せ
マキシのボリュームと相性が良く、安定したシルエットに
人気はベーシック系。肌と同化するアースカラーでスッキリ

ほほえみ顔を真似たメイクが、ほおを引き締め好印象

ほほえむときの表情 Points
1. やさしいソフトなまゆ
2. 下まぶたのふくらみ
3. 紅潮したほお
4. 上がる口角
好印象な上に、引き締め効果も
表情も意識していればエクササイズにも♡
この顔型を定着させて!
真顔が「ほほえみ顔」に近ければ、どんな場面もおだやかな印象

ほほえみメイクでもっとアジア美人
左右対称をなるべく心がけ、バランス美もはかる
1. まゆは6~8ミリの太さは欲しい。ペンシルはうすーく
ムラがある方が立体的になる
キレイにしすぎると平面顔に
2. 目頭と下まぶたに2mmのハイライトを
3. チークは肌色+30%の濃度が健康的
4. 口角に一段明るめ肌色のコンシーラを塗る
影になると下がって見える
明るくカバー
Parfait! Pour les femmes asiatiques!
très belles
1
2
3
4

パリジェンヌは、モデルさんのように長身で、すらっとして、細身。そんなイメージをお持ちではないでしょうか。

私たちはふだん、雑誌やコマーシャルで、やせ型のファッションモデルを見る機会が多いため誤解しがちですが、西洋人の基本体形は肉感的で、むっちり、ぽっちゃり型。もちろんパリジェンヌも例外ではありません。むしろ日本人のほうが、きゃしゃです。

私が日仏を往復し、街行く人々のファッションを観察してはっきりとわかったのが「スリム度」の違いです。ぽっちゃりさんからやせ型まで体形はさまざまです。それでもパリジェンヌは、服を着たときの全身のボリュームが、すらっとスリムなのです。正確には「スリムに見える」のです。

そう、パリジェンヌは着やせのテクニックに長《た》けているのです。

Prologue

そこで、彼女たちが実践しているアイテムの選び方、買い方、着方、なじませ方を、徹底的に検証し、図解したのが本書です。

体重は変わらないのに、まるでマイナス3キロのダイエットが成功したかのように、全身がすっきり細めに変わります。

ファッションのテーマを「着やせ」に絞れば、それはイコール、パリジェンヌのリアルなモード。世界中からおしゃれ、カッコいいと注目されるスタイルですから、おしゃれ度アップは100パーセント保証済み。また、目的がはっきりするため、買い物の迷いは大幅に減ります。と同時に、細身に見せるアイテムの組み合わせで、日々のコーディネートをシンプルに楽しめるようになるはず。

あなたがまだ気づいていない、素敵な魅力が毎日更新されるよう、パリジェンヌ流にスイッチし、もっとスリムにスマートに輝くおしゃれで出かけてみませんか？

CONTENTS

2章 着やせ力抜群！ パリジェンヌ御用達アイテム

3章 もっと小顔に！ さらに引き締める！ パリジェンヌ愛用おしゃれ小物

4章 グラマラスなのになぜ？ パリジェンヌがスマートな理由

5章 今すぐ実践！ 東洋のパリジェンヌに似合う着やせ

design セキネシンイチ制作室

1er
Chapitre
Yoko.

1章

マイナス3kgシルエット!

アイテム使いでスリム魅せ

着やせを第一に考えれば
アイテム選びに苦労ナシ。
みるみる細身に!

肩幅が合ったジャケット&コートでスタイリッシュに

袖や衿は調整可能。きつめサイズを選んで

アウターは、スリム化への大きな鍵を握っているアイテムです。これひとつでスタイルの印象は大きく変わります。

ジャケットやコートなどの上着を購入する際、その下の重ね着も考慮して、少しゆとりがあるサイズを選んでいませんか？

これからは「きつい」と感じるくらいで大丈夫。

ズバリ、それがパリジェンヌのスリム・シルエットなのです。

一番きびしくチェックするところは肩幅。ここが合っていればほぼ合格です。袖や衿、ウエストなどはスタイリングで調整し、体に合わせられる場合がありますが、肩幅だけは調整が利かないからです。

ピッタリと合う一枚に出合うまで、試着は念入りに。あきらめないでくださいね。

ショートジャケットは、コンパクトでスリムにまとまる。腕まくりで、さらに面積少なく固めるのがパリジェンヌ流
腰を高く、ウデを長く感じさせる長短
肩が内側に入るくらいまでのサイズにし、ビッグシルエット防止

下にセーター一枚でピタピタになるくらいタイトめを
ウエスト位置高めを選ぶ
（うしろも高め）
パリジェンヌ好みのスタンドカラー
開衿にしたり、アレンジできる上、小顔にも
ポケットの位置は下すぎたらNG
トレンチは、ベルト位置が決め手
上めに締めてたるませ、下半身をスッキリと

「ウエスト位置はおへそより上」がワンピースの鉄則

シンプルデザインでも腰高シルエットなら失敗知らず

ワンピースが一枚あれば、コーディネートは楽、着替える時間は短縮。忙しい人ほど常に「今の自分にピッタリな一枚」を持っておきたいですよね。

今にピッタリ、とは気分ではなく、「今のプロポーションにピッタリと合う形」を重視し選んだものです。パリのブランドは、ぱっと見はシンプルデザインですが、微妙な寸法に大きな気配りが。

1本のラインがどれほどボディラインに影響するかを考え抜いているので、着てみると驚くほど立体的になり、とくに目立つ飾りがなくても私たちの体をいきいきと見せてくれます。これが着ているその人自身が映え、格好よく見える理由です。

探すときのポイントはウエスト位置。着てみて、おへそのやや上に感じられたらOK。あとは首、手、脚がほんの少しでも細長く感じられたら合格です。

アゴのVライン に沿うマオカラーが
フェイスラインを美しくする
首元の小さな金ボタンを外せば 首長
ギャザーの広がりが バストを豊かに
ちょっと内側になる ギャザー寄せで
ハイウエストのくびれをつくる
折り紙のようなシャーリング
上下に流れる、体の
中心部のドレープが
タテ長ライン＝ヤセラインに
中央に1本、
太いラインが入り、脚まで
つながることで 脚長に
そではシルクの持つ重みと
しなやかさの力も加わり
上から流れ、
そで口でたまる
ウデが細長く見える
すその波が太ももを細く
うしろもスッキリ
上のギャザーがポイントで視線を上向かせる。余分な横ラインがなく、
ウエスト位置を示さないのでそのまま下にタテにスーッと流れ、
スマート感につながる
ヴァネッサ・ブリューノ の ワンピース
Silk 100%
Une robe , Vanessa Bruno

スタイルUPにはウエスト位置が重要。
＝
体の中心
調整可能タイプでやや上めへ。
↑↓ちょっとの上下で腰高位置に差がつく
側面に着やせデザイン
幅を細く錯覚させる
バストが「一番高い山」のようなポイントにすると他の部分に奥行きが出て
細く感じる
コットンの張り感を活かし、つかず離れず。バストのみピタッと
そではバスト上丈のフレンチスリーブを
（色面切りかえデザインは、判断が難しい）
肩・ウエスト・ヒップすべて位置が合う必要がある
人によって横ラインの場所が違う

トップス＆ボトムスの境目を目立たなくして細長く

ワントーンの上下を組み合わせ、スラリと見せる

コーディネートの際、いちばん頭をなやませるのが上下の組み合わせではありませんか？

白のシャツに紺のパンツ。黒のニットにジーンズ。それは確かに王道です。

しかし、スリムを第一に考えるときは「トーン」が鍵になります。トーン、つまり濃度がコーディネートの上では重要なのです。

たとえば白と黒のコントラストは、トップスとボトムスの境目＝横のラインをはっきりと示します。

その境目の位置に注意を払い、スタイル悪く見えないように気をつけなくてはなりません。

おしゃれの達人で、上下のバランスがその都度ぱっと測れる人であればいいのです

上下黒の場合、肌とのコントラストが強い。レギンスで黒を延長
丈がNG
別々の色味でも、濃さが同じであればちぐはぐせず、視覚的な統一感をもたらし、
スマート感がUP
タテラインがさえぎられる

が、そのような達人は少数ではないかと思います。

だったらそのリスクを最小にと考えたのが「ワントーン・コーディネート」です。

まずは色彩に関係なく、すべてを濃度に置き換えてみます。そして明るい色、中間色、暗い色でグループ分けしましょう。

トップスとボトムス、パンツとブーツなどの接点になるべく濃淡をつけないように、グループでコーディネートをします。

すると、全身を眺めたときの境目があいまいになり、落ち着いた縦長の印象が生まれます。

上から下まで目の流れがとぎれず、すっと伸びて見えることで、スタイルをスラリと感じさせるのです。

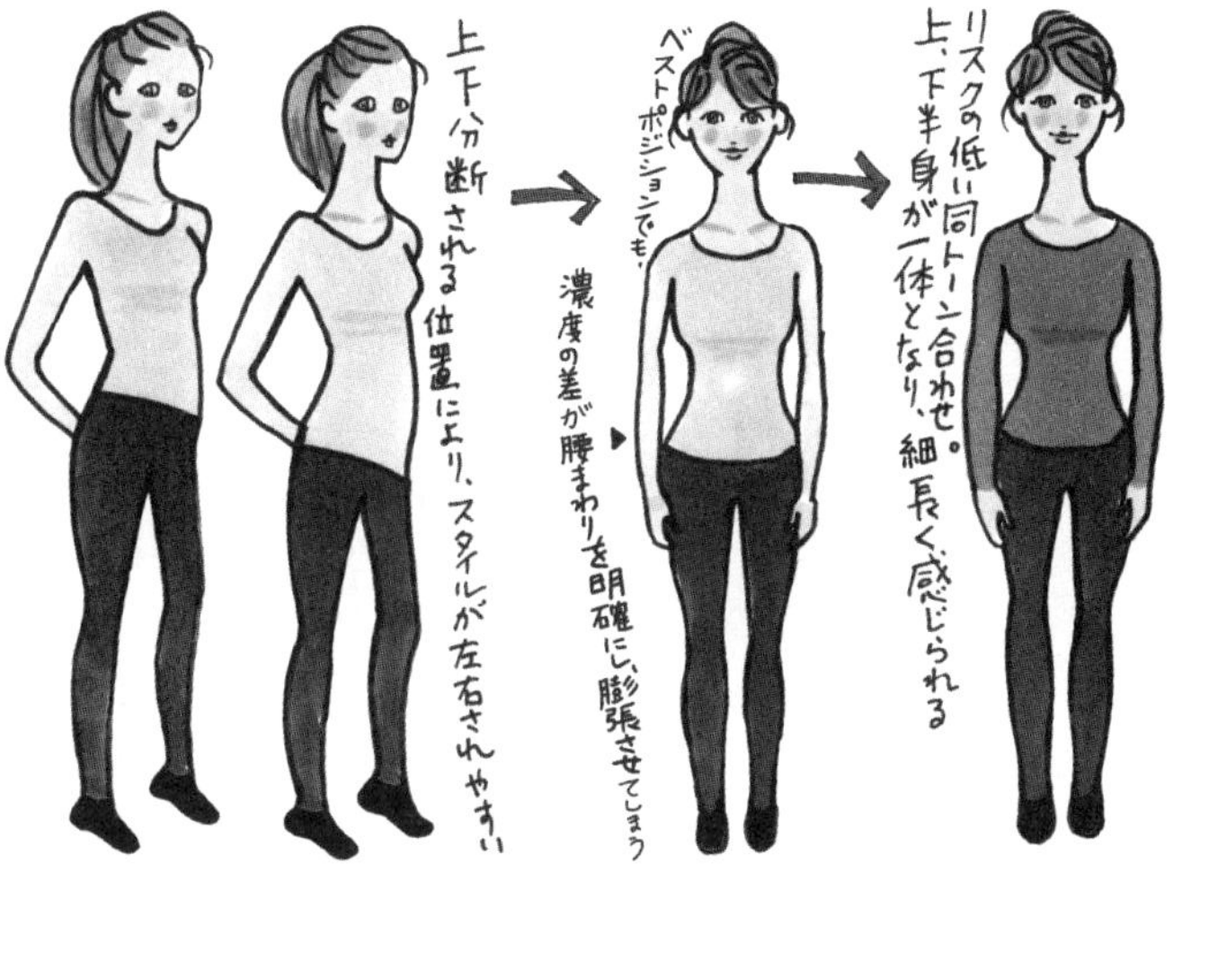
上下分断される位置により、スタイルが左右されやすい
ベストポジションでも、
濃度の差が腰まわりを明確にし、膨張させてしまう
リスクの低い同トーン合わせ。
上、下半身が一体となり、細長く感じられる

ひと工夫でくびれができるカーディガン使い

ボタンの留め方、着方を変えてすっきりウエストに

カーディガンは、着こなし、着回し、着やせすべてにもっとも役立つアイテム。パリジェンヌは着方を変えたりベルトを足したりして、個々に工夫しています。彼女らが素直にそのまま、きちっとカーディガンを着るのはありえない！　と言えるくらい、アレンジ上手です。

ここでは、ウエストに効くスタイリングにトライしましょう。

ウエスト位置のボタンを締め（きついぐらいのサイズ感がベスト）、数センチ内側にくぼませればくびれ効果に。

あるいはベルトでウエストをマークし、カーディガンで両側を覆えば、横線が短くなり細く見えます。

カーディガンを新調する際には、「くびれ」効果にもなる一枚を選んでみてください。

ベルトの両わきにカーディガンの身頃を持ってきてベルトの左右の寸法を短く
ウエストのボタンのみを留め、少し上へキュッと絞る

ビッグ&コクーンシルエットの場合、インナーのウエストにしわを寄せ、
横のラインを作る
ウエストマークのアイテムで、マークを正面に1/3程度見せる
カシュクールはリボンをおへそより上に結んでくぼみを作る

「鎖骨」を出したネックまわりでやせ感UP

ぽっちゃりの印象は首元で決まる!

パリジェンヌの首元は共通しています。つまったタイプより、デコルテが出るのがお好み。日本人から見ると露出しすぎなくらい! これは首の肌色を延長し、身長を高く感じさせるスタイルアップ術です。

それだけでなくデコルテを出す、出さないで比較すると、「スリムに見える」要因が見いだせます。

なるべく鎖骨を出して見せるのは、肉付きのない場所である鎖骨が見えると、その「骨感」が肉感的な印象をやわらげるから。それだけでも着やせは成功すると言ってもいいほどです。

そもそも人の目線はだいたい全体像の中心より上に設定されますから、全身の上部、「首元」は非常に大事。ここだけでも骨っぽければ、実際より太っては見えません。

丸えり
マオカラー
少しでも開けば大きな違いに
このゆとりが重要

Vネック
横幅もあると
鎖骨がすべて出て
good
タートル
首に密着するのは避け、
たれ下がり型を

腕が細く長く見える成功ラインをマスター

スリーブ位置の調節で骨見せ、くぼみ見せ

スタイルUPを考えるときに見逃しがちな腕。しかし、腕の印象でプロポーションはだいぶ変わってても見えるものです。

腕が実寸よりも長く見えれば全身まで長く錯覚させられます。

そこで、腕を細長く見せる必要が出てくるのですが、私たちがいちばん気になるのは肉付きですよね？　そこを隠すのがいつもの手。でもこれは「やせ見せ」には100パーセント効果的ではない場合もあります。

腕は寸法よりも、筋肉のつき方で細くも太くも見えます。アスリートの腕のサイズは立派ですが、太い印象はありませんよね？　筋肉質でも、ぽっちゃりさんでも、筋肉のある位置は基本同じ。この「筋感」がスリム化に効き目があります。

腕をよく見て、流れるラインに気づきましょう。

ウデ全体を細く
そではピタッ、身頃はふわっの対比

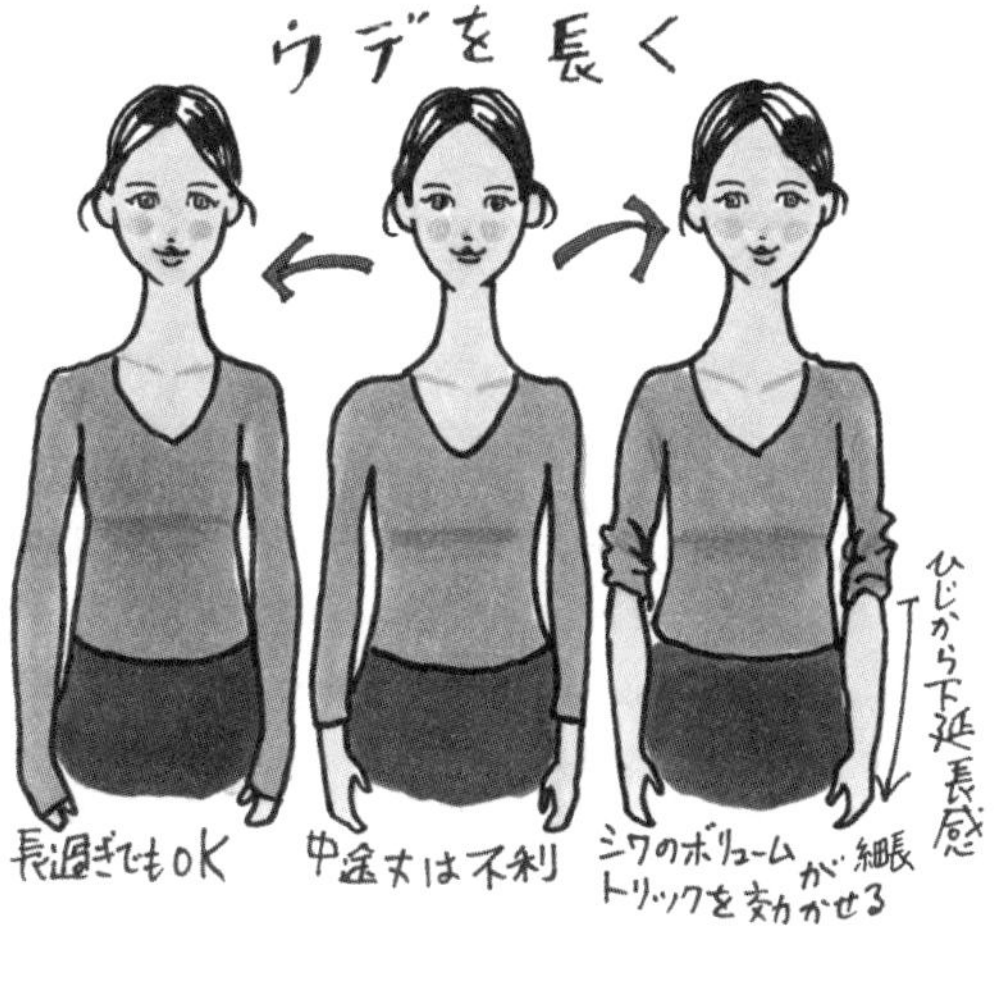
ウデを長く
長過ぎでもOK
中途丈は不利
シワのボリュームが細長トリックを効かせる
ひじから下延長感

くぼみや細い部分は、出したりスリーブをピタッとさせたりして強調します。また、筋がある手首の上、骨のある手首も出せば、細くきゃしゃな印象がプラスされます。「腕も細く長く」と意識すれば、横の姿も美しくなり、おしゃれ度ＵＰに大きく貢献します。

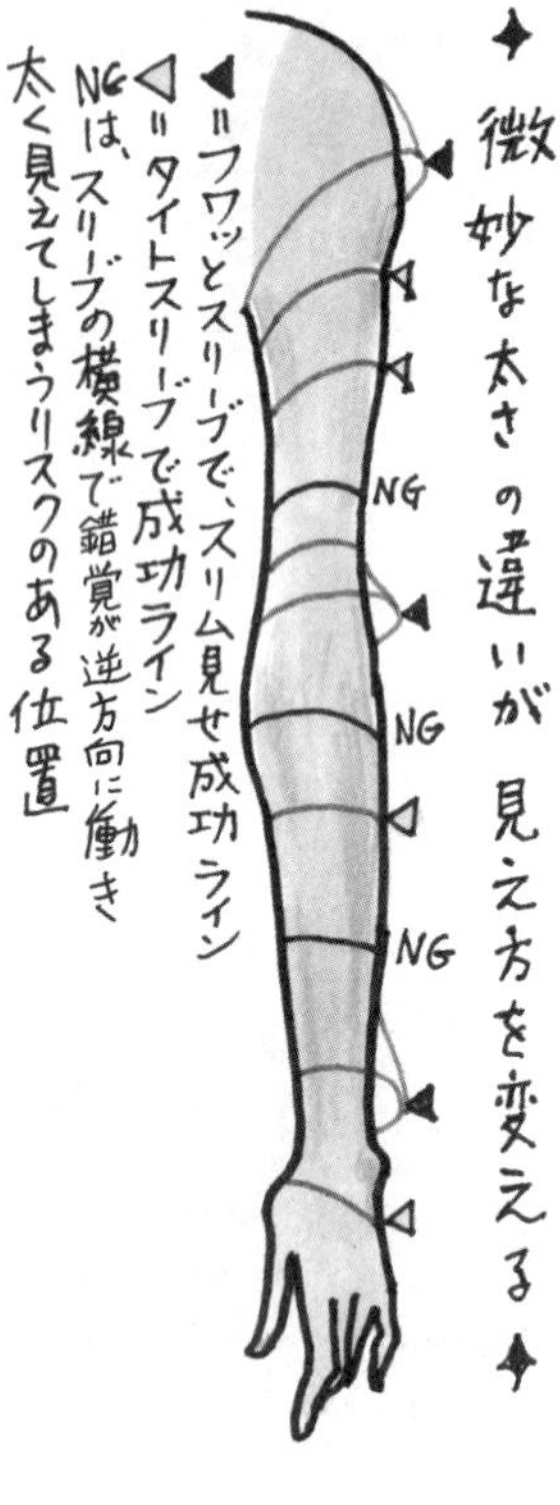
✦微妙な太さの違いが見え方を変える✦
▲＝フワッとスリーブで、スリム見せ成功ライン
△＝タイトスリーブで成功ライン
NGは、スリーブの横線で錯覚が逆方向に働き太く見えてしまうリスクのある位置
NG
NG
NG

手首を細く
手首の「骨感」が
出るように調節

二のウデを細く
ココのくぼみを出す
かくすより、出してフレンチスリーブの包み込むような
ラインでカバーした方がスッキリ細く感じる

ひじとベルトラインをそろえて即腰高に

ベルトの位置は2分の1より上に

パリのあるブティックで、試着室に細いタイプから太いものまで数多くベルトが用意されていた中、ワンピースを数着試着した私。そのたびに店員さんが、それぞれに合うベルトをつけてくれました。

これは「買え」のサインではなく、「これを足せばもっとカッコいいわよ」の意味です。ベルト使いで腰の位置感が高くなり、スタイルアップにつながると気づきました。

まずは、身長の2分の1より上に留めるのが基本。そのベルトラインとひじ位置をそろえる方法がイチオシです。ひじは幅が広く、腕の中で目立つところ。そことベルトを横一線にすると、ポイント同士に段差がなくなりスッキリします。

注目部分が上に行くことで、ウエストが上に感じる
ワンピースの着丈の半分よりやや上がベスト
切り替えのウエスト
ひじ位置と合わせたベルト留めはベストポイント
コートのベルトもひじ位置で腰高

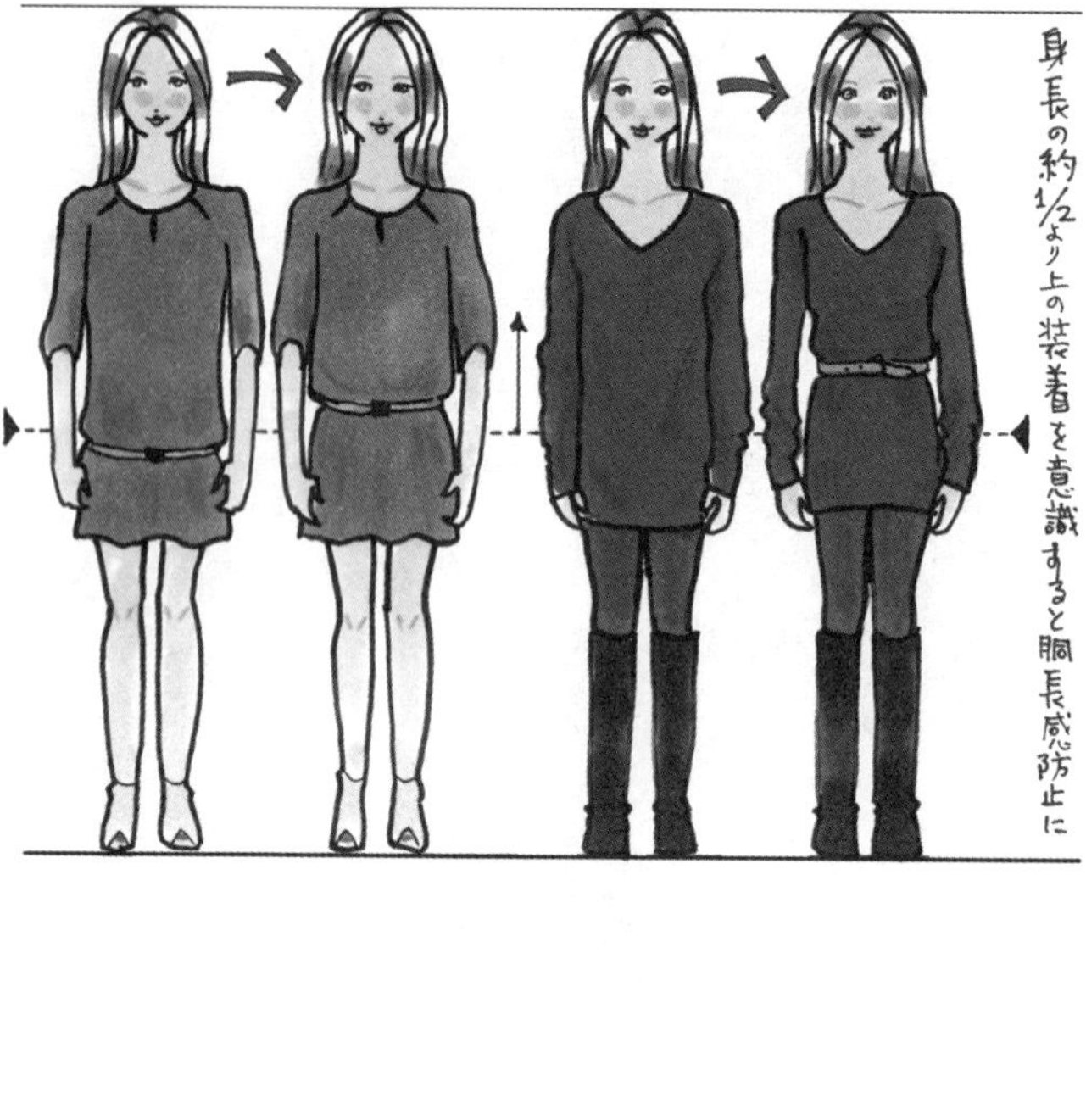
身長の約1/2より上の装着を意識すると胴長感防止に

アクセサリーはスタイルUPのトリックに大活躍

衿ラインとネックレスラインを合わせれば、ぐっとアカ抜ける

おしゃれなパリジェンヌのアクセサリーを観察すると、デザインは割とシンプルでも、視覚的手法を使い、全身のスタイルUPへ活用しているのがうかがえます。視覚的手法としては大きく3つです。1）アイテムのタテやヨコのラインを利用し、体の幅や高さを変化させて見せます。2）輝きの濃淡の奥行き感（濃い色＝奥、淡い色＝手前に見える）をとり入れ、平面的な印象を立体的にさせて、スリムに見せます。3）大きなモノであれば、ポイントに利用し、気になる箇所から視線をそらすテクニックにも使えます。

ただの「お飾り」に留めない、おトクなパリジェンヌ流で、アクセサリーをデイリーに楽しみましょう。

ネックレスで首長効果
コレだけで
ぐっとアカ抜ける！
カンタン
ネック術
えり元のラインと合わせれば洗練される
タテに伸びる線でトリックになる
リングで美指効果
タテ長タイプでポイントにし、細長見せ
ブレスレットで手長&脚長効果
手首ポイントが下がり腰は高い位置に感じられる
動画イキイキ効果
ゆらゆらと体に寄り添って雰囲気UP

チェーン・ネックレスで
美デコルテ
&女子度up
鎖骨強調
ペンダントで
バストup効果
ペンダントの重心
効果でバストの
位置感が上がる
大ぶりピアスで小顔効果
アゴのやや上、
耳と同サイズが
オススメ
バングルで手首きゃしゃ効果

脚と同色シューズがひざ下を長く美しくする

美脚に導くシューズは、色、曲線、幅を吟味して選んで

私たちの歩くスピードの1・2倍速にも感じられる、パリジェンヌの早歩き。小さな路地も多いパリの街は、歩きがなにかと便利なのです。

靴を酷使する環境だから、靴のフィッティングは服よりも綿密にチェック。自分の足にぴたっとはまり、なおかつ美しく見せてくれる一足が見つかるまで、数足、いえ十数足に至るまで根気良く試します。

パリのブティックでは、女性たちが夢中で靴を試着しています。長居になるので、ちょっとした交流があるのもうれしい。

たとえば私が試着していたとき、遠くにいたマダムが「そっちがいいわよ」とのゼスチャー。遠くからながめて美しいほうを教えてくれました。

自分のサイズがなくて断念した一足を、となりにいたマドモアゼルがお買い上げし

ひざ下を長く
トゥの短いタイプと肌系トーンで延長
ex.
ピンク
コーラル
イエロー
ゴールド
ベージュ
甲が長くなる分、寸法がかせげる
甲をなるべく長く
トゥのプチ面積がアクセントカラーの効用を。
美肌度もUP&美脚に
厚底タイプは肌なじみの良いベージュ系が効く
細身ブーツで革のつやを利用し伸ばして見せる
スキマのないタイプを

た事も。

「そのナイスBODYで、私のようなチビッコが選ぶハイヒールをお買い求め？」と、少し嫉妬しました。

でも考えてみると彼女らの言葉や行動は、人と比べることなく、それぞれが「自分の最高」を求めていることの表れ。誰も私を特別扱いしないのは、その思いをともにする女性同士だから。

またモデルスタイルだろうがそうでない人だろうが、自分をきれいにしてくれるアイテムを探すのは女性として当然ですよね。

さて、探しに行きますか！　気にする点は、「ひざ下」と「まっすぐ」。１センチでもひざ下が長く、スラッと見える一足を見つけましょう。

まっすぐ脚に
ロングブーツのひざ部分の寸法を借りて、Oの字のスキマをうめる
▶ゆとり部分
曲線デザインでトリック
なじませ（O×※）
タテの直線的デザインはO脚を強調（O×I）
ストレートのデニムならひざ下のブーツを同系色で

A4以下のやわらかバッグでスマート・ルック

見た目の軽量化が全身のスリム見せへつながる

せっかく服やアイテムのコーディネートでスリムになったのに、何気なく持ったバッグで太って見えてしまう場合も。バッグを含めた姿がトータルなおしゃれを決定してしまうのですから、侮れません！　パリジェンヌは、バッグも試着マスト、また「持ち方美人」でもあります。

サイズはA4収納サイズ以下が、日本人にはピッタリ。素材はやわらかめで、マチの収縮が自在なタイプ。バッグの中央を少しへこませ体に密着させます。肩、あるいは腕に掛け、ボディラインの中に収めるような意識で装うのがコツ。でこぼこ感をなるべくなくすのです。するとフォルムがピタッと一体化され、タイトかつ軽そうに見えます。そう、体重が軽く見えるのに加え、バッグも「軽量化」が大事（たとえ重くても、見た目には）。よりスレンダーになって外出できます。

上半身に収まるA4サイズ以下ならシルエットを崩すことなく、スタイルUPへ
収納
大きめBagは下半身をタイトにして
服とラインぞろえでスマートに
コートのライン
スカートのライン

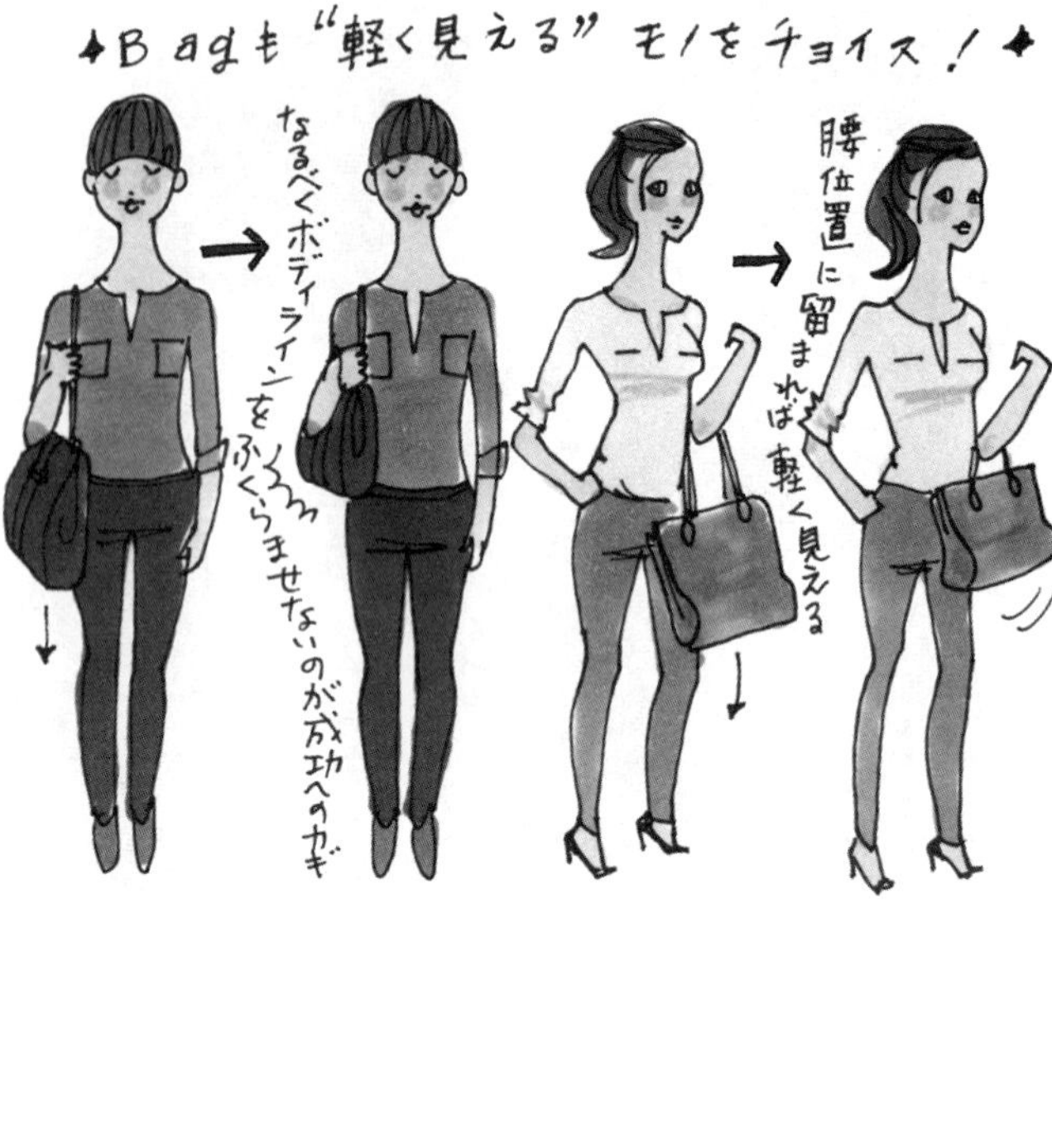
Bagも"軽く見える"モノをチョイス！
なるべくボディラインをふくらませないのが成功へのカギ
腰位置に留まれば軽く見える

おなか・二の腕はカットソーで部分やせ

全部隠すより、メリハリ見せでサイズダウンを

パリジェンヌのカットソーは、柄より形が命！　安価なアイテムの代表、カットソーであれば、ふだんは避けがちな思い切った形にもトライできます。

行事やシーズンで、どうしても体のラインに微妙な変化が出てしまいますよね？　たとえば、お正月太りでおなかまわりが気になったり、夏のむくみで二の腕がぷよぷよに感じたり。

そんなときは気になる部位をカバーしてくれる、お助けの一枚を選べば、心配いらずのコーディネートになります。

カットソーも必ずお店で着てみて、しっかりと部分やせに貢献しているか、キビシイチェックを忘れずに！

ヒップが気になっちゃう
おなかぽっこりがちょっとネ
ヒップが見えかくれする長さがベスト
ラグランそでで胸を豊かに見せてポイントに。おなかはシワを寄せて

クビレが欲しい
そでにゆとり、ウエストタイトの対比でクビレ度UP
二のウデプルンがイヤかも
テレンとした素材を選び、ふくらみ過ぎ防止

「着飾る」から「スマート」に。今の自分の最高峰を目指す

地味カッコいい、現代パリジェンヌ・モードが日本女性を救う？

たとえば、18世紀のパリ。おなじみ、マリー・アントワネットの時代です。今で言う「盛り（てんこ盛り）」のおしゃれが、上流貴族の証。服はボリューミーで、装飾や刺繍《ししゅう》はデコラティブなもの＝「手間ひまがかかっている」＝「職人への報酬、つまりお金をかけてある」とのメッセージがつめこまれるのですから、富と権力を表す手段としてそれらは増える一方。

ヘアスタイルも、これでもか、と高く盛られ、しまいには髪に船などが飾られたそ

Column

う。人は経済力を得ると、派手に着飾りたくなるようです。急に、ではなくだんだんとエスカレートするために、それが行きすぎても違和感を覚えないのかもしれません。

しかしどうでしょう？　今見ると、なんとも滑稽《こっけい》な姿……。現代生活では、かなり不自由で違和感あるファッション。

一方、現在のパリの服装は――。時を超え、階級制度がなくなった今、あのきらびやかな宮廷おしゃれはどこへやら、パリジェンヌは実に地味。「ボリューミー、きらきら要素てんこ盛り」の真逆とも言えそう。タイト、シック、シンプル。

パリ滞在当初、ファッション代がパリジェンヌより一桁多く、かなりデコって見えた私は、その差を考えてしまいました。その結果、非装飾が今の彼女らの美意識にマッチするのだと確信しました。

「それじゃあ貧相に映らない？」いえ、そうではないのです。余計な飾りがないぶん、落ち着きがあります。多くのいらない要素が取り払われて出来上がるのが「洗練」。パリジェンヌの目指すところは、自然な洗練感です。ただし、きちんとしすぎは窮屈で、自由な現代とマッチしません。そこで、「自然体を装う」ために着くずすのです。

おしゃれ代についても、お金はないよりあったほうがいいと思います。しかし、それがファッションのすべてではないことにも気づきました。既製服をよく見て探し、自分の体に合わせて調節し、最大限に活用してこそ真の賢いおしゃれさん。

今は生きていく上で、ロココ時代のような身分を示すデコレーションは不要。装飾から解放されたからシンプルが可能になり、また、人との「差」を意識する必要がなくなったぶん、自分の最高峰スタイルをひたすら追求する現代パリジェンヌのモードが確立されたとも言えそうです。

そして私がいちばん影響を受けたのが考え方。彼女らがよくわかっているのが、「人の外見は皆違う」こと。髪の色や、目の色、体重、寸法。そこに基準はありません。それぞれが自分を軸に、少しでもスタイル良く見えるよう心がけているだけです。それが個性を際立たせ、引け目なんか全くナシの、誰もが平等におしゃれを楽しめる環境を作っています。

ただし一筋縄ではいかないのもパリジェンヌ。ときには思い切りイメチェンする場面も。ふだんはジーンズが定番でカジュアルシックなスタイルの人でも、ノエルや夜

Column

装飾系
最盛期、ロココ時代
本人がかすむ…
てんこもり
デコだらけ
ボリューミー

遊びなど、ドレスコードが派手になるときは、きらきら着飾って出かけます。
こういう「メリハリ」も、おしゃれにおいては重要なのかもしれませんね。

地味系
現代思想にもマッチ
着飾るシーンでも現代的な洗練を求める
盛り過ぎないよう 気を配る!
「いかにも」が恥ずかしい…
お金をかけても、くずしてそれらしさをなくしちゃうくらいがクール!
ボロに見えて実は高級カシミアニット!
「ブルジョワ・ボヘミアン」=ボボが最先端モード

Sketch!
Les Parisiennes à 20heures

夜8時のパリジェンヌ

街がウルトラマリンに染まる頃、シックに装ったパリジェンヌがランデブーに出かけていきます。まるで舞台のような雰囲気は、パリの魅力のひとつ。

2ème
Chapitre
yoko.

2章

着やせ力抜群!

パリジェンヌ御用達アイテム

誰もが今よりスタイル良くなる
エイジレスなアイテムで、
確実にスリム化を!

パーカでカジュアル&ヘルシーな細さを強調

肩まで広げ、鎖骨を出し、上半身やせ
ジッパーを全留めにしてタイトにし、ふんわりスカートを合わせれば細ウエストに映る
雨が降ったらフードをかぶる！スッポリかぶるパリジェンヌ。これもひとつの小顔見せ?!

Tweet♪
フード、ファスナー、ひも…アレンジいろいろできそう、
ウン!
スタイルUPに使える✧ とことん
シルエットを見比べて、定番ゲットにも
慎重なのヨ
Parka
メンズサイズを選び、下半身やせに効かせる
フワッとフードでポイントを高くし、下まで一直線でスラリとさせる
ゆるっと羽織ってワンピースとの対比を。ウエストから下の着やせねらい

カラースキニーで スリム美脚

シャツをラフに、背中にふくらみをもたせ、スキニーはかかとまで伸ばす
夏はきれい色にもトライ！
おなか部分にシワ、太ももピッタリにすれば、Wやせ効果に
ストレッチが強いタイプは、ピチピチ感を際立たせぬよう、Dr.マーチンのブーツで視線外し
どっしりし

Skinny Couleurs
デニムと同系の青は失敗しない。ファーの厚みが、太ももやせ感へつなぐ
モノトーンゾーン
色
再びモノトーンでひざ下延長トリック!
Tweet♪
カラーでも、デニムと同じく形はスタンダードでOK♥ ドンピシャサイズと、似合う色を試して、究極の一枚を探せば、スリム脚から外れない
同色トーン合わせで、全体がソフトな印象。そこにベルトで引き締め、きりっとさせる
膨張カラーにはベルト合わせでシェイプ感を

ライダースジャケットの光沢で
やせシルエット

Blouson biker
レザーの光沢はトーンの幅を広げ、体を立体的にする
↑やせ見え
ふんわりマキシは、ジッパー留めでミニマムにすれば太って見えない

Tweet♪
ピタッorゆるり。着方次第でスリム魅せ自由自在！ なるべく小さめサイズを探さないと☆ だってホラ、革は伸びるでしょ？
最もパリジェンヌ的。だらんとラフに着て、ボトムをタイトにスキッとさせる
ルーズ50% ピッタリ50% =スマート100%
ストールを肩幅近くまで巻き、閉じて着れば上半身を細身に
そで口のジッパーを外して広げ太ももを細く感じさせる

トロンプルイユはその名の通り
細く「だます」

Trompe-l'œil
着ぶくれしそうなモヘアでも、トロンプルイユでタイトなシルエットに。華やかスマート
衿付
Hiver
ニットに衿&そで付。
重ねていないから、ニットの下のゴワつきがなく、きれいなドレープを出せる
インナーの色を出して遊べる
Automne
夏には暑苦しい重ね着も、涼しく余裕のおしゃれ
Été

Tweet♪
重ね着？NON！実は1枚
「ナンチャッテ」のしゃれゴコロ♥
重ねないから Bodyラインが
ひとまわり細くなる
オマケ付
一見ブラウス+ニット+スカート。
実はワンピース
ブラウス+カーディガン型。
ピタッと着られてスリムに
つながっている
重ね部分がなく、
スリムに着られる
Printempo

コントワー・デ・コトニエの
異素材MIXアイテムで着やせ力UP

マット×つや革
つや
マット
コットン×つやシルク
シルク
コットン
シルク
つやは立体感、マットは落ちつき感。
2つの素材のパッチワークは
体形をダイレクトにせずトリックに！
mélange de matières différentes, Comptoir des cotonniers
デコルテのラインは、
さすがのパリジェンヌ好み♡
一枚サラッと着ただけでカッコ良く決まる
いぶし銀のような
控えめのつや感
約13センチうしろ身頃が長い
ヒップをふんわり包むシルクが無理なくカバー

Tweet♪
パリジェンヌが大好きなコトニエの定番、
異素材MIXシリーズ♡♡
服が出しゃばらないで
着る私たち側をカッコよく
してくれるの☺
コレ、大事
コットン×しっとりシルク
シルク
シルク
コットンジャージー
シルク
背中にも心配りの
good デザイン
背中美人に
そでのシルクがやさしく
ウデに寄りそい、二のウデを
美しく
コットンの程良い重量が
肩からの1本のラインを
つくり、細く見せる
フロントのタックも
細見せに貢献

ブラックドレスは着やせ度最大級の一着を

パリジェンヌ好みの
着てみてよくわかる着やせデザイン術の一枚。
おなかを中心にしたギャザーで
絞られて見える
そっけなくも思えるが
着てみると着やせポイント
満載！目のつけどころが
パリジェンヌ〜
マキシはV&
上がったウエストで上半身コンパクト
シンプル シルエットは
ツヤのあるものを選べば
自然なスリム感

Tweet♪
永遠のスリム・アイテム♥お店では、「見た目」じゃなくて「着たカンジ」をチェック♡ だからも〜〜 試着しまくり
うしろやせ見せも大事♡
見せブラ、レース、サテンのウエストでポイント上めで成功
タテに伸びるクレープ生地、
ベルトマークでWスリム
マットな透け感は、黒のグラデーションを生み、立体感でスッキリ、しっとり落ちつく細見せ
Robe noire

デニムシャツ&Gジャンのムラ感でスリムマジック

究極のピタッ〜というより、
キッキッが逆にメリハリBodyに！
2つ折りにしてぐぐ〜っと上に持ち上げたそで。
そで口を広くし、ウデを細見せ
ウォッシュのムラ染めがやせ見せ
くびれラインの一枚を選び、えりとそでを広げ
もっとくびれさ！

ボタン全開でタテライン強調
Tweet♪
デニム生地はやせ見せに使える!
ビンテージテイストのムラが体になじんで
カッコ良いでしょ、ね? 古っぽいの、
パリジェンヌは大好きだし
布地の厚みを利用し、首と腕を固定。
胸ポケットがバストUPに威力を発揮
えりとそでの濃いめトーンで
ゆるっとシルエットの引き締めに
Chemise et blouson en jean

お金より時間の使い方で決まる、パリ的エレガント

パリ流・リッチな買い物術

旅行のとき、そして滞在し始めたばかりの頃。パリのブティックでの買い物で、しばしばイラッとしたことがありました。あまりにも店員さんがスローだからです。そうなんです、日本はスピード・サービス文化。その速度感のままパリで買い物をすると、ひどく時間がかかるように思えたのでした。とくに待ち時間は日本の2倍以上に感じられる長さ。

けれど買い物のたびにイライラしていたら身がもちません。ものは試しと、その時間の流れに身を任せてみました。

「急ぐことはない、時間はある、なかったら次回」と唱えつつ、ゆっくり店内を見て、

Column

店員さんにストックを持ってきてもらったり、試着をしたりしてゆったりと過ごすのが日常となりました。もちろん、パリジェンヌを見習って、納得するまでは買いません。と同時に、もしかして「ひやかし客?」なんて目で見られてるかも? との不安も頭をよぎりました。

ある日デパートで、ブラウスを3点試しました。どれもサイズがちょうどよく、迷っていたら店員さんは当然のように「考えるでしょ(今日は買わないでしょ)?」と結論づけたのです。周囲には3人のパリジェンヌがおり、様子を見ていたら、試した後で次々と服を置いてお礼を言い、店を去っていくではありませんか! これがパリの日常シーン。深く考えずに買うのは、お店側からもオススメされない行為。

また、「よく考えて決めたほうがいいわよ」と店員さんからアドバイスされたことも。無理に答えを出すのは、この街ではありえないのね、と思いました。

そして、「納得できるアイテムを買ったほうが、あなたにとっていいに決まってるでしょ?」という意味を理解すると、コミュニケーションがスムーズになりました。出した結論に共感すれば、わだかまりはありませんよね。

店員さんにお世話になっても購入に至らないときは、きちんとお礼を言えばいいだけ。買おうが買うまいが、時間と心に余裕があるのがリッチの証。金額だけではないのですよね。たとえ何もかも手に入れるのが可能でも、あえて買わない自制心は、大人の証でもあり、胸を張れます。

思えば、時間に追われ焦っている姿は、エレガントとはほど遠い。買い物ひとつでも、ゆっくり冷静に取り組むのが大人の行動として理想です。

この「ゆっくり」買い物術で、衝動買い、肥やし服も卒業。ショッピングが精神的にも物質的にも満足を得られる時間に変わっていきました。

パリと比べ、日本はさまざまなアイテムを容易に入手できる環境です。それだけ、選択の難しさを感じます。

経済力はともかく、今度からはちょっとだけ検討時間を延長してみるといいかもしれません。

無理にお金を使わなくてもたたずまいはリッチなパリジェンヌのつもりで!

Column

キビシク選ぶのに時間はかかるけど、
後悔しないで済む
人にもモノにも否はないの。
相性を見るだけ
サイズや履き心地に納得いかず、
お買い上げに至らないマダム。かしこい選択
オサイフの問題じゃないの
ストックからサイズを出し持ってくる
ショップスタッフ
この作業で報われようとは思っていない

警戒心orリラックス

メトロで、カフェで。いつでもバッグのガードが固いのは、都会、
パリでのお約束。公園やセーヌのほとりのベンチでは、脱力&リラックス。
この対比もパリジェンヌらしい。

Sketch!
Détendues mais vigilantes

3ème Chapitre

3章

もっと小顔に!
さらに引き締める!

パリジェンヌ愛用
おしゃれ小物

全身ぬかりなく、
パーフェクト・スタイルを決めるには、
小物のサイズと配置に
注意すれば万全!

巻きもののボリュームを活かして
プチ顔に

二ツ折りにして輪に通したあと、ゆるめる。胸が豊かになり
首のきゃしゃ度UP
この場合、
間のびしないよう
ウエストマークは必ず
うしろへ持って行く
フワッとヘアと同化させ、自然な山形を。全身のボリューム感が均一になり、
おしゃれ度も上がる
存在感のあるスタイリングでポイントを上にしてカッコ良く
✦パリジェンヌの無造作巻き✦

Foulard et écharpe
Tweet♪ 巻きが決まれば美人度UP! 無造作だけど、けっこう気にして調節するのヨ
女子だからネ
大判を前に掛け、ボリューミーにして下半身やせ&足首スリム
うしろにたらせば、気になるヒップもOK!
細長タイは、タテのラインを利用し、細長BODYへトリック!

ヴァネッサ・ブリューノのスパンコール・トートで美シルエット

Tweet♪
(ちょっとウルサイ?)パリジェンヌにも大ヒット&
ロングセラーの理由は、究極のサイズ感
美しく体に寄り添う♥ キラキラ度も
この位がperfect! 上品な輝きよね〜
大き過ぎず、小さ過ぎずのサイズが重要
革製はショルダーにしやすい!
取っ手の長さ、スパンコールの配置が
自然で無理がなく、
すんなりスタイルに収まるからスマートに!
全身のボリュームと
Bagの大きさの比率が
ベスト

ヘア・アクセサリーは小顔を作る使い方を

お花をヘアと同化させ、ボリュームUPを
ヘアと同色
ゴム
おだんごを作ったあと、ゴムでくくる。コサージュの分、ボリュームが足され、豊かなアップヘアへ
グラデーションカラーのダーク部分にピンを。こめかみがベストな位置
重くなりがちなダークヘアに、キラッとひとすじ横線が入るクリスタルのピンでハイライトを
ネコ毛に効くヘッドバンドはフロント、トップを立てて

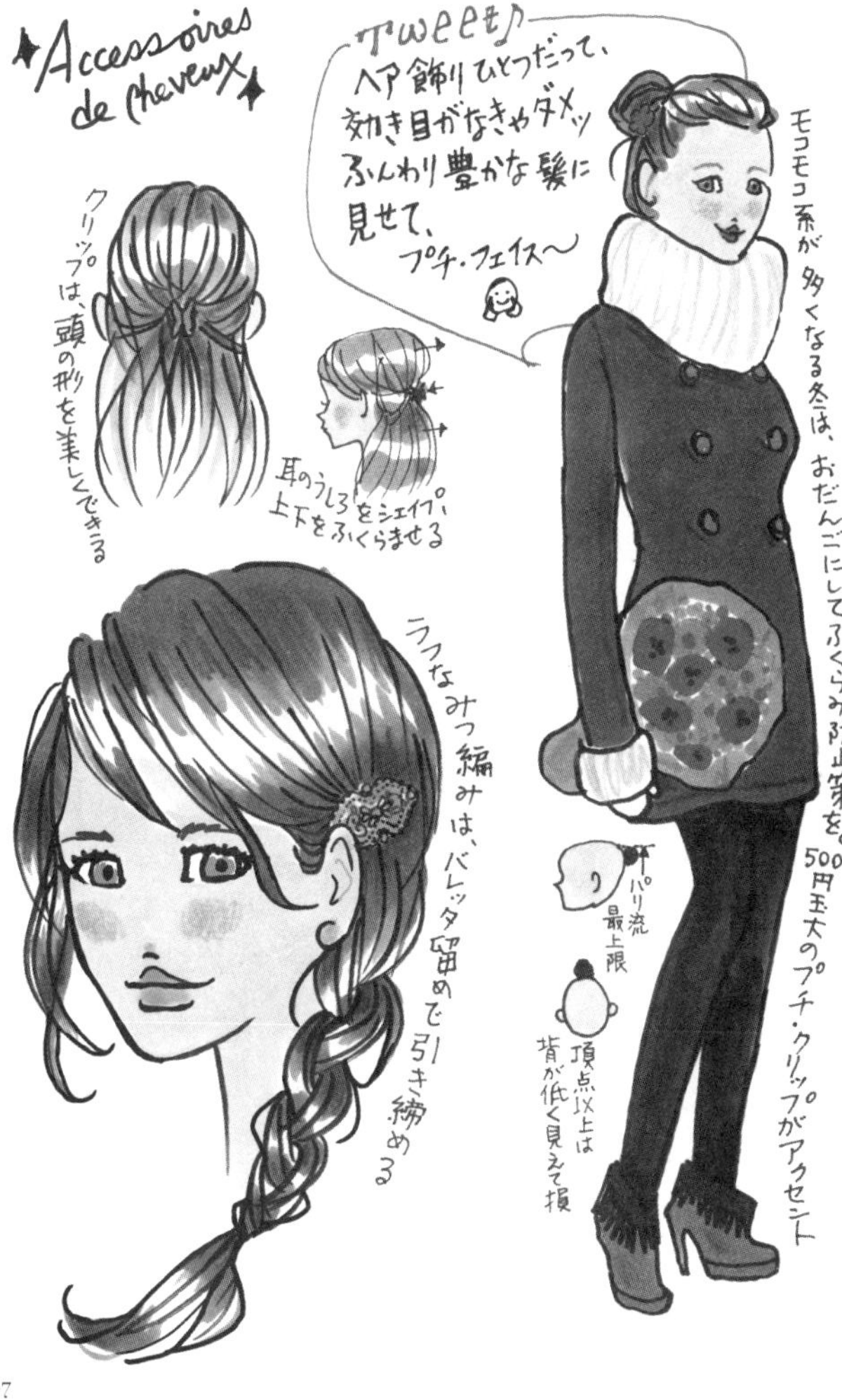

Accessoires de cheveux
tweet♪
ヘア飾りひとつだって、効き目がなきゃダメッ
ふんわり豊かな髪に見せて、
プチ・フェイス〜
モコモコ系が多くなる冬は、おだんごにしてふくらみ防止策を。
500円玉大のプチ・クリップがアクセント
パリ流最上限
頂点以上は背が低く見えて損
クリップは、頭の形を美しくできる
耳のうしろをシェイプ、上下をふくらませる
ラフなみつ編みは、バレッタ留めで引き締める

アガタ パリの120センチパールネックレスは超優秀

約52センチ
おへそよりやや下の好配置
2連は衿の中にきちんと収まる
うしろ結び留めでワンポイント。背中美人を
ドレスにすると6連。パリジェンヌ好みのボリューム
✦アレンジ自在の秘密✦
「見た目」だけに留まらず、「重さ」「大きさ」「つなぎ方」にもリアルパールと同じ、パーフェクトなつくりを極めているから。さすが、パリの美意識！
ぐるっと一周120センチが使い道いろいろ
立派な8ミリ玉
留め具付きもアレンジ力UPの理由
パール間の結びが優雅なラインと柔らかフォルムをつくる
"動き"もチェック！
コロコロと、このゆれ方も本真珠と同じだそう

Tweet♪
120センチ以外ありえないっっ てくらい
アレンジにハマる♡
見て、さわって、つけて&動いて美しい
パリのお仕事ぶり とくとごらんあれ☆
Sautoir perles, AGATHA Paris
なげざみにすると胸のボリューム感UP
Vのラインが女性らしい肩の丸みをもたらす
バストを豊かに見せる
肩幅きゃしゃ見せ（先端片結び）

小脇に収まるロンシャンのバッグで軽快ルック

モノを扱うのは人よ！と言わんばかりの
ブランドモノに支配されないオーラ…
ジェーン・バーキンがエルメスを開けっ放しでラフに持つように、全開＆くたっと持つのがいかにもパリジェンヌ！
リッチなオーストリッチ素材がお似合いマダム
Sac Longchamp "Le Pliage"
軽く、なじみやすさが美スタイルに効く！
オールマイティの理由は美しい比率＆寸法
ル・プリアージュ®
エレガントな細さ
フタは全体の約1/12面積で安定感バッチリ
ほぼ1/3ずつのGoodバランス
折りたたんで旅行に
日本の折り紙にインスパイアされたデザインだそう！
豊富なカラーバリエーションも人気の理由

パリジェンヌの お決まり!! ポッケ入れポーズにもハマる
Tweet♪
腕or手でひょいっと持ち&
小脇に抱えポーズも決まる☆
all年代パリジェンヌ愛用、
デイリー・ブランドBagの
地位確立理由は
確かなシルエット
数型あるうちの、持ち手部分が短いシリーズ を選んでベストなバランスに。美プロポーション成功!
定番のトレンチにもベストマッチ

サングラスは目と鼻の距離で形を決める

顔のほぼ中央を占める割合のティアドロップ型は理想的なフィット感
透け感《グラデーション》タイプは、濃淡がつき、深い彫りを思わせる
丸囲みラインがカオやせ
出っぱりで太らせない
◆目と鼻の距離でタイプを選ぶ◆
Oui!
短めさんは小さめグラス
大きめだと…
長めさんは大きめグラス
小さめにすると…
Non!
顔の重心が下がり、安定感↓
間のびし、小顔感↓

Tweet♪
カオやせ中心に使いまくりで
実用以上、お値段以上が
モットー
chu!
コンパクトなまとめ髪に
グラスと同じ大きさのピアスを合わせ、顔
まわりを4つの丸で囲むとスッキリフェイスに。
ゆるっとワンピとの
good バランス完成
フロント掛けで
首長
カチューシャ代わりは
頭に安定感をもたらし、
ヘアが重くならずに済む
Lunettes de soleil

スニーカーで大人バランスに仕上げる

Baskets
全身同色系のやせコーディネートを靴底のアクセントカラーで引き締める
ハリのあるワンピースとハイカットの間に脚がはさまれることでぽっちゃり脚が細く感じる

Tweet♪
足もとガッシリ揺るぎなく
安定感=存在感て
スニーカーもちろんシンプルひと筋!!
パリっぽい
大人仕上げで
美walking♫
革のドッシリタイプで足首きゃしゃ見せ
マキシのボリュームと相性が良く、安定したシルエットに
人気はベーシック系。肌と同化するアースカラーでスッキリ

パリでは少数派？——ダウン、かごbag、おしゃれ傘

日仏人気に温度差アリの3アイテムについて、パリジェンヌにアンケート

A

B

C

Column

日本ではもう定番と化しているファッションアイテムが、パリではほとんど目にしない――。私が暮らしていたときから不思議だったことです。おしゃれなパリジェンヌに右ページのイラストを添えたアンケートを試みました。

〈フランシーヌ・19歳・学生〉

1　パリでダウンを着る？……………いいえ
ダウンを着たいと思ったことはない。男性が着ている以外、美しくない。

2　かごbagを持っている？……………いいえ

3　市場に行くとき、かごを持っていく？……………いいえ

4　美しい傘を持っている？……………いいえ

5　雨が降っているとき傘を差す？……………はい

6　イラストのような傘があれば買う？……………いいえ

〈カミーユ・16歳・学生〉

1　パリでダウンを着る？……………………いいえ
ダウンは好きじゃない。布帛《ふはく》のものは許せる。

2　かごｂａｇを持っている？………………いいえ
素敵なかごはあるけど、もっと上の年齢の人が持つもの（オバサンぽい）。

3　市場に行くとき、かごを持っていく？………いいえ

4　美しい傘を持っている？…………………はい

5　イラストのような傘があれば買う？…………いいえ

〈リュシー・17歳・学生〉

1　パリでダウンを着る？……………………いいえ
ダウンは素敵になりうるアイテムだけど、
街で見かけるものはほとんど素敵じゃない。

2　かごｂａｇを持っている？………………はい
かごは美しい。大好き。

Column

3　かごｂａｇはいつ使う？……………………夏
4　市場に行くとき、かごを持っていく？………いいえ
5　美しい傘を持っている？……………………はい
6　イラストのような傘があれば買う？…………いいえ

〈メラニー・35歳・コスメメーカー勤務〉

1　パリでダウンを着る？……………………時々
スポーツライクなダウンは絶対着ない。カラフルなのもダメ。ウエストが絞ってありフェミニンなもの。衿にファーがついているもの。
2　かごｂａｇを持っている？…………………はい
3　かごｂａｇはいつ使う？……………………お昼
お弁当を入れて仕事に持っていく。エレガントなアイテムではない。
4　市場に行くとき、かごを持っていく？………はい
5　美しい傘を持っている？……………………はい

6　イラストのような傘があれば買う？……………………

フランスの傘は頑丈じゃないので毎年買い換えなければならない。美しくかつ頑丈で、そんなに高くないならぜひ買いたい。

フランスの長く続く服飾文化で培われた、ファッションを本質的に捉える思想がうかがえます。

逆に、私たち日本人は洋服文化の歴史が浅く、思想が自由でいられます。和服をユニークに着る西洋人と、作法から大きく外すのをためらう日本人に置き換えると理解できるのではないでしょうか。

運動着のダウンや素朴なかごｂａｇ、カラフルな傘はシックなパリでは「おしゃれ用のアイテムではない」かもしれないけれど、街が近代的でカラフルな日本では、なじむアイテムだと思います。もっとダウンを楽しみたいし、かわいいかごや傘で、日常を少しでも晴れやかにしたいですよね。

ただし、買い方はパリジェンヌを見習って。とことんスリムに見える美シルエットのダウンと、使い回しの利くかご、長く愛用できそうなしっかり傘を見つけるまで、探し続けましょう！

Column

今後、
進化型シンプルダウンに期待
シルエットで見ると
パリジェンヌの定番コート
ちょっとキビシイ
ムッシューもフツーに持つマルシェかご
ヤワな傘。持ってイラッとするよりも
いっそ持たない方が良い?!

Sketch!
Avec quelque chose à la mains

小物とともに

何気ない生活小物を持つ姿が、まるで映画のワンシーンのよう！
たばこや、道に座る少しお行儀が悪そうなポーズ。
それさえもいきいきと、一枚の絵に仕上がってしまう。

4ème Chapitre

4章

グラマラスなのになぜ？

パリジェンヌがスマートな理由

選び方、着方によって、
ぽっちゃりでもスマート、
やせていても太って見える。
錯覚作用でタイトに見せる変身術で
失敗ゼロへ！

ワンサイズ下を選ぶのがパリ流シルエット

「ゆとり」あるサイズは、ひとまわり太って見える

日仏の行き来で、違いにすぐ気づいたのが「サイズ感覚」です。はじめの頃、パリジェンヌがぱっと見スマートに映るのは、もとの体形の問題でしょ？　と思っていました。でも、日本に戻ると、日本女性のほうが体の線が細く、きゃしゃだとわかりました。

パリジェンヌは肉感的。それなのにすっきりスマートに見えるのは、サイズ感覚に理由があったのです。私たちの感覚では、「やや大きい」「やや小さい」のどちらかであれば、ゆとりのある大きめを選択してしまいませんか？　小さめで密着すると太って見えるように思えますよね。

その選択、パリジェンヌは逆なのです。ワンサイズ下を求めます。

パリのブティックで、偶然、私と同じストレッチ素材のワンピースを試着していた

迷わずワンサイズ下
ゆる系デザインでもワンサイズ下
胸、そで、丈が上目になってスタイルUP
非パリジェンヌシルエット
着ているうちに少しのびてなじむ！
シルエットが曲線的になり、フェミニン度もプラス♡
靴（とくにサンダル）の大きめは大NG！
中敷き調整で小さめに
大きめ靴をひきずり歩くパリジェンヌはいない…

パリジェンヌがいました。彼女はグラマーで、おなかが少しポッコリした、パリジェンヌによく見る洋梨体形。その体にピタッと密着したサイズを着ていました。店員さんが私に持ってきてくれたSも、私にはピタピタ！　自分だったら間違いなくMを選ぶところでした。

グラマーさんも私も、ともに体のラインとのずれがなく、よくフィットしました。店員さんのセレクトがよかったおかげです。それを見たもうひとりのパリジェンヌも試着に参加。3人でおそろいですが、まったく同じな印象はなく、それぞれに満足できる「自分体形」でのスマートが完成されました。

グラマーさん、ほっそりさんそれぞれが、今より1センチでもスレンダーに見えるように取り組むのがパリのおしゃれ術。これからは、ワンサイズ下を買ってみるのをオススメします。体形があらわに思えても大丈夫。スリムにスマートに映れば、それが客観的な見え方だから。

ちなみに私はパリで、「太ったほうがいい」とよく言われました。そう、肉付きは女性らしさの象徴。あちらの国では大事なチャームポイントなのかもしれませんね。

服の着回し習慣で、着こなし力がUPする

アイテムは少数精鋭、コーディネートは幅広くがモットー

パリジェンヌのような、シンプルなアイテムをそろえましょう。十分丈インナー、シャツ、カーディガン、パンツ、パンプス。この5点のみでOK。まずは普通に着てみます。ここで終わらせないのがパリジェンヌ。「普通」からアレンジを加えるのです。シャツの衿、ボタン、袖。カーディガンのボタンとすそ。伸ばしたりくしゃっとしたり、まくるなどして手を加え、変化させます。

それらを組み合わせれば、たった5点なのに想像以上の着回しが利きます。着回しの回数を重ねれば、アイテムの繊維、革などの素材が体形に沿って、その人ならではの曲線を持つようになります。それによってすべてのアイテムが「お仕着せ」に見えない、「着こなし」となって表れます。

アイテムの中で体が不自由に収まっているのが「お仕着せ」。人がアイテムを体形になじませているのが「着こなし」と言えます。

服が曲線的になれば、立体感や奥行きが出て、締まって見えます。そう、スマートに映るのです。これが「普通なのにカッコいい」パリジェンヌのおしゃれの秘密です。

ところが私たちは、なんとなく「もともとのセンスが違うのでは？」と決めつけがち。それは誤解です！　鏡を見て着たカンジ、自分自身がどう見えるかをチェックするという彼女らの習慣さえあれば、ごく自然にセンスが磨かれていきます。身についた美的センスが「カッコいい」「悪い」の判断を強化させます。カッコいいと感じるスタイルは、着やせそのものなのです。

TPOで変えられる柔軟性も身につき、
KYファッション予防にも

START!
着回すうちに…
着こなし力up!
細見せセンス向上へ

ダイエットいらずの「だまし絵テク」でマイナス3kg

視覚のトリックを活かして今より細くスタイリング

美術の手法で「だまし絵」があります。本物そっくりの「見せかけ」です。フランス語では「トロンプルイユ」と呼ばれ、建築、アート、服飾などそこここに点在し、人の目をまやかす仕掛けが隠されています。

たとえばフランスでよく見る平らな塀に描かれた窓。遠近法、色、影、質感などを測り、テクニックを駆使してペンキを塗って、通りから見上げた人に本物と錯覚させるのです。

そのトリック・アートは、着やせにも応用できます。

その前に、そもそも人はどんな基準で体形を見るのでしょうか？　たとえば肥満の判断基準の数値・BMI。他人の外見からその人の数値を頭に浮かべられる人はほとんどいないと思います。体重も当てられる人は少ないのではないでしょうか。「太め」

「やせている」と、なんとなくの印象で判断しているはずです。

ですから、おしゃれをするにあたり、数値＝体重はあまり参考にはならないのです。体形もしかり。１２４ページのイラストには、体形が同じでもやせて見える仕掛けがあります。それはどれも美術で使う手法です。

1　影をいれて立体感をもたせる
2　余分な要素を排除し、焦点を明確にする
3　寸法を合わせられるところを統一してタイトに
4　なるべくデコボコをなくして表面積を減らす

どうでしょう？　イラストの４つのスタイルに、着やせトリックは効いていますでしょうか？

壁に描かれた絵なのに、本物の窓に見える

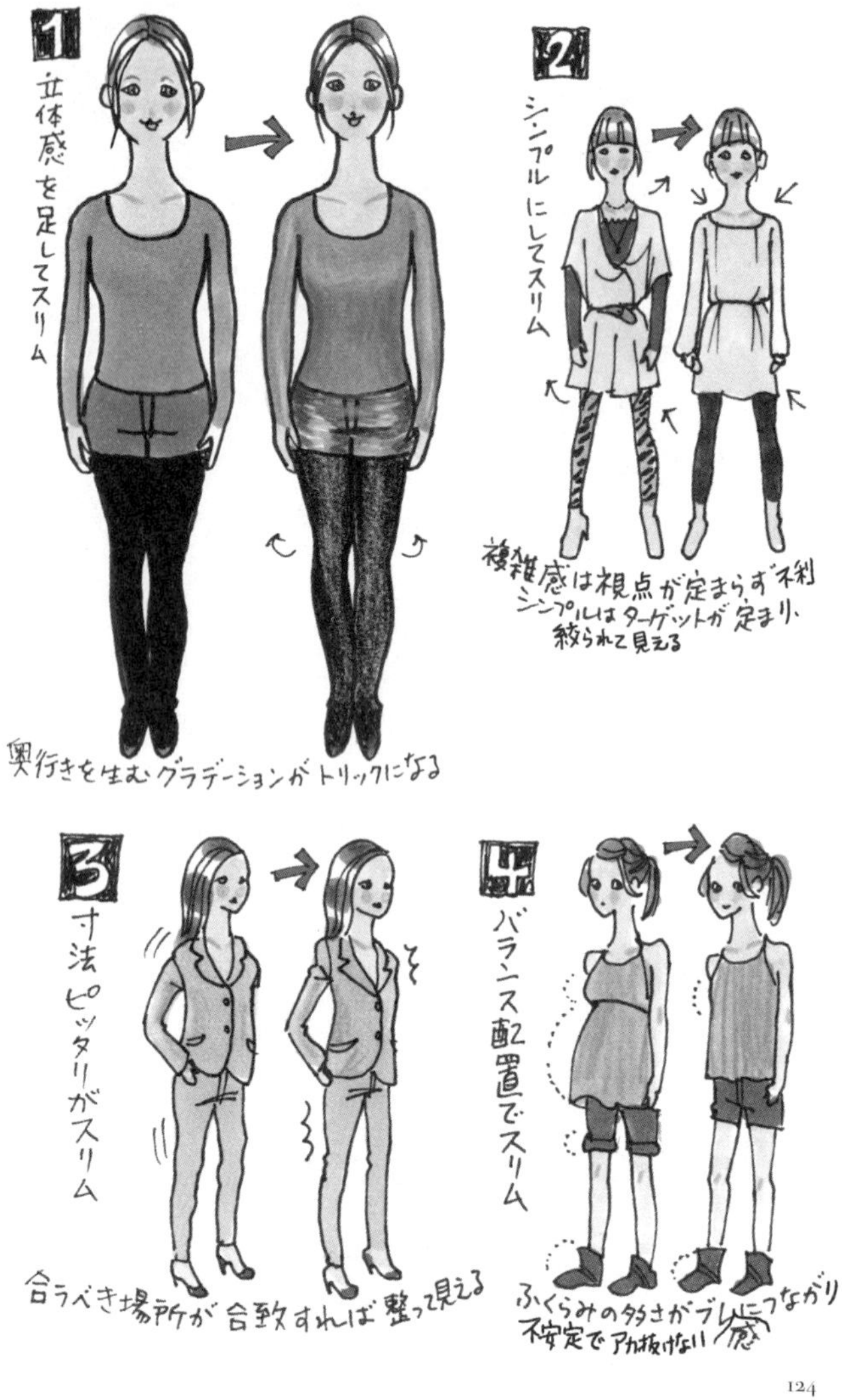
1
立体感を足してスリム
奥行きを生むグラデーションがトリックになる
2
シンプルにしてスリム
複雑感は視点が定まらず不利
シンプルはターゲットが定まり、
絞られて見える
3
寸法ピッタリがスリム
合うべき場所が合致すれば整って見える
4
バランス配置でスリム
ふくらみの多さがブレにつながり
不安定でアカ抜けない感

春夏秋冬着やせのコツ

四季ごとのスリム見せで確実に「減量」を

✻春は素材を重視

軽快な薄着ができるようになれば、春の気分。いちばん気をつけたいのが素材です。同じ型でも、フォルムが変わるからです。イラストの左は綿のブラウスにポリエステルのパンツ。上下ともに、本来のボディラインは出ていません。

右はポリエステルのブラウス、下はコットンジャージ。ゆとりあるデザインのトップスですが、下に落ちる素材の力を借り、ふくらんで見えません。

たとえ下半身が太くても、ボトムスは体のラインを出します。そうすると上下のメリハリができ、やせて見えるのです。

✻夏は2枚重ねまで

日本の夏は、外気と冷房との温度差があるから、温度によって調節できる重ね着は便利です。しかし夏の重ね着は暑苦しく見えてしまうおそれが。「暑苦しい」という印象は、スリム化への妨げにもなります。

できるだけ、枚数を少なくしましょう。素肌を出せるぎりぎりのところで留まるアイテムを選びます。フロントにボタンがあれば、シーンに合わせてデコルテの開きも調整できるので、持っていたい一枚です。パンツやスカートは、レギンスを必要としない丈を購入するよう心がけます。

✻秋は肌より一段暗めトーンを

肌より暗い色は、それだけで視覚的に面積が縮小されます。秋が深まる頃には多用して、まずはダークトーンでの着やせを。身につけるアイテムの数が増えますが、ジャケットやトレンチはもちろん、ボトムスも暗めを選んで。

顔まわりの巻きものやトップスは、表情が暗くならないよう、日本人に似合うグリーン、ベージュ、赤茶系にすれば大丈夫。それに加えアクセサリーなど、どこかの小面積を、明るい色で彩ればバランスは完璧です。

✻冬はタイトで大きな衿のコートを

116ページで解説した「ワンサイズ下」の差がもっとも出やすいのがコート。ゆとりサイズだと、コートの下がどんなにスリムでも、街ではいつも「ビッグシルエット」。着ぶくれ率が高まる冬でも、タイトな一枚であれば、中のコーディネートもスマート。パーフェクトな着やせにつながります。寒いとき？　私たちには日本の技術力の賜物「超保温インナー」があります！

また、大きな衿を選んでおけば、肩幅がきゃしゃになり、メンズシルエットにならず、パリっぽさ100パーセントのフェミニンなコート姿になります。

着やせのおまけは、予算とクローゼットのスリム化

身もココロも、部屋の中まですっきり整う

おしゃれを着やせ中心に考えると、自分をとりまく環境の変化に気づきます。

まず、周囲の目が違ってきます。毎日服をとっかえひっかえしていたときには、アイテムについてほめられるパターンがほとんどだったのが、だんだんと「なんか素敵ね」と、「雰囲気」が注目されるようになります。それは、周りの視線がスマートな全身像にしっかり合っている証拠で、着やせ成功のサインです。

そうなると、そのスタイルを継続すべくますますショッピングには慎重になり、モノをよく比較検討するようになります。自然とアイテムは少数精鋭になり、数は「減量」されます。以前と比べ、買うモノがおよそ2、3割減るため、予算は結果「削減」されます。

人がショッピングに心動かされやすい時期が、季節の変わり目。なんとなく周囲の

買い物熱に影響され、季節先取りのアイテムを、そのときの気分で買った経験はありませんか？　それも買い物の楽しみではありますが、気分はいっときのもの。いざ着られる約2、3週間後になると、熱はすっかり冷めてしまうケースもありえます。手持ちのどれとも合わず、クローゼットの中でスタンバイが続き、出番がいっこうにこないことだって考えられます。

しかしパリ流は、必要を感じたらそのときに買い、明日から、あるいは今日から着るのが基本です。実用的なアイテムを冷静に見分けられ、気分に振り回されずに済むので後悔もありません。気持ちは「すっきり」です。

また、去年まで愛用したシャツのダメージ具合に限界を感じたらそれを処分して、新しいシャツを買いに出かけるような「補充」の考え方も大切。それなら、クローゼットがおしくらまんじゅうになり、しまいにはアイテムがはみ出す……という事態は起こりませんよね。もしかすると、もっと小さいサイズに変えても収まるかも？　というくらい、クローゼットのサイズダウンにもつながります。

着やせおしゃれから始まって、次第に心もお部屋も整っていくはずです。

おしゃれ
ショッピング
ワードローブ
今まで
"旬"を着飾る、着せかえる
予算が許すまで買いそろえる
Shop めぐり
追加する
"新入り"たち
パリジェンヌ流
今の体形でスタイル良く着こなす
必要を感じたときに探す
一軒をじっくり
処分し、補充する
out
in
軽量化の場所
着用時のボディライン
アイテム＆予算
クローゼットの中（外も）

美しいCラインの背中が、ボディをサイズ・ダウン

背中を反れば、それだけでやせて見える

パリは訪問者が多く、エトランジェが混在する街でもあります。そんな中、パリジェンヌを見分けるのは難しそう。ところが、これが実に簡単。「背中」で判別できます。背中が反って、「C」の字の曲線を描いているのがパリジェンヌ。このラインが、着やせにも有効です。ほかの肉感的な部分を「目くらまし」してくれるからです。

試しに、背中を反ってみましょう。両腕は後ろに回転しますね？　この時点で胸は豊かになり、正面から見て二の腕が細くなります。おしりはきゅっと上がります。これで腰高に。おなかが出てるように思えて、へこますように意識が向きます。なんだか体の中心に軸があるように思え、脚にも力が入ります。そう、脚の引き締めも追加されています。

これはお金がかかりません。節約が自慢になるパリジェンヌ、これだけで体重を減

パリジェンヌ・ポーズ
気づいたときに
丸まった背中を反ってみる
1分でもOK
1.2倍速で歩いてみる
ふだんの
上から糸で吊られるイメージ

らしたかのように見せる。いかにも賢いですよね。

もちろん生活習慣の違いがありますから、今すぐ「そっくりそのまま」は急ぎすぎ。徐々に自分のモノにする楽しみ方で大丈夫です。

やれるときに、できるだけ、ほんの少しでもＯＫ。気が向いたときだけで良いのです。気づけばパリジェンヌの背中ラインが定着しているのを感じるはずです。

パリジェンヌの背中カーブをイメージ（のみでOK☆）
あらゆるボリューミーを帳消し
・気にしなくて大丈夫・
えーパリジェンヌ？ムリ、ムリっ
プロポーションを似せるのでなく、おしゃれの取り組みをまねするだけ！それが東洋のパリジェンヌ像
・かくさないでOK・
太いの、見ないでっ
イジワルな目線はパリ流に必要ナシ！今の自分の最高を目指すのみ☆
パリジェンヌ流着やせおしゃれは、国籍を問いません。
今のままのカラダで充分！
あなたひとりがいれば良いだけ。

Column

ボディも太らないのがパリ流おしゃれの最大メリット

サイズ重視の買い物が「太らないリズム」を生む

なるべく寸分違《たが》わず、なるべく小さめな服を選ぶパリジェンヌ。それは、体のボリュームにも少なからず影響を与えます。

余裕のあるデザインやサイズだったら、ボディラインが数ミリ、数センチ変化しても気づかないのが普通です。けれど自分にフィットしたアイテムだと、少しの変化でも感じ取るようになるのです。いつものデニムが、おしりに窮屈さを感じたり、いつものニットのおなかのあたりのラインが違ってきたような気がしたり。気になるところに人の意識は集中し、力が入ってしまう。不意にでも、きゅっと引き締めればプチエクササイズになります。また、ウエストにゆとりがなくなれば、いつものサンドイッチを今日だけひと口残したりと、食事面もほんの少し気をつけるはずです。

「プチ」「ひと口」の単位でも侮れません。放ったらかしでは寸法も伸び放題の危険がありますが、ちょっとの違和感のうちに対処すれば小さな数値の上下があるだけ。

体重計は避けて通れても、服のフィット感での増減は、意外と避けられないもの。しかし気にしていれば、いつのまにか3キロUPという事態は招かずに済みます。少なくとも1・5キロ地点で気づくはず。3キロやせるのは簡単ではありませんが、1・5キロであれば、人によっては1日で減量が可能な数値。

そのような、おしゃれから感じ取る少しの変化を、その都度無理なく解決していく生活は、体重キープにもつながるのがわかりますよね。

聞くところによると、フランスでもっとも肥満率が低いのがパリだそう。見渡すと「激太り」率が低いというのが、私の印象です。

ダイエットはパリジェンヌにとっても気になる課題ですが、躍起にはなりません。「スリムOK、太っているのはダメ」という短絡的な価値観は通じなかった！　健康的で、自分が快適でいられる体重でおしゃれをする街なのです。

Column

✦体重キープ・スパイラル✦

理由 その1. première

なんかキツくなった?!

ピッタリサイズ重視のセレクトだから、
ちょっとのサイズ変化に敏感になる

気になるところをさするのが人の常。
そしてへこませようと 力が入る。
このプチ引き締めも有効!

その2. deuxième

おなか周辺に余裕がなくなれば、
ランチを軽く、今日だけサラダで
帳尻合わせ

永遠に続くワケではないので
フツーにガマンできる

その3. …et troisième!

究極は…

着られなくなったら
もったいないじゃない?

☆超フランス的節約術☆

確かに、一着買うのに 時間と労力が かかってますから、
その分 着倒さねば、真の買い物上手とは言えないのかも!

後ろ姿にホレボレ

世界中の女性が憧れ、集まる花の都、パリ。
その中でもパリジェンヌの存在は際立って見えます。
きりっとりりしい後ろ姿が共通事項です。

Sketch!
Elles sont aussi élégantes, vues de dos

5ème Chapitre

5章

今すぐ実践!

東洋のパリジェンヌに似合う着やせ

スマート・ルックに彩りを添える黒髪と
美肌を最大限に活かすスタイルで、
パリジェンヌより素敵になれる!

東洋人の肌に似合うのは、黄味を帯びた色

パリより豊富なカラーパレットで、ツヤ髪&ツヤ美肌に

パリの人類博物館で、世界の髪の色と肌の色を展示しているコーナーがありました。私たちは黒髪で、黄色い肌だと再認識しました。

色彩学からすると、黄味を帯びた色が好相性です。そんなカラー群でも、たとえば、赤だったら単なる赤ではなく、青系赤、黄味が強い赤など、その微妙な違いを読み取るのがパリ流といえます。

黄色肌にもっとも映える、最高に似合う色を見つければ違和感ナシ、調和からくるスマートさは完璧。パリっ子の言う「cool」＝「最高にカッコいい」スタイルを目指しましょう。

グリーン
vert
顔のすぐ下にくる色が顔映りに影響。グリーンならNo Problem!
マスタード
moutarde
マキシ丈がエキゾチックさも増してGood
レッド
rouge
大衿の小顔見せコートで
&
深緑
vert foncé
ほぼ黒に近いグリーンはマスカラに使って美瞳に
イエロー
jaune
素足のサンダルで軽快
肩・腰・丈の位置がしっかり合ったしっとりワンピースでヤセ感UP

Caramel
キャラメル
ストールで
ほおをふんわりと
包むカンジで顔やせ
サーモンピンク
rose Saumon
シルクのブラウスでつやっぽく
イエローゴールド
顔の横、ピアスで
or
ブラック
マフラーとヘアをつなげで
noir
マット系が 落ちつく
他にも…
abricot
crème
ivoire
olive
pistache
tomate
champagne

コクのある黒髪で顔を包み、顔の小面積化

パリジェンヌ風アレンジで、自然で豊かな髪を演出

パリジェンヌの小顔ワザ、無造作ヘア。

タイトはNON！　エアリーな、ふわっと顔を包み込むイメージが第一。顔が奥まって見え、面積は小さく感じられます。

また、ナチュラルでありながらスタイリッシュなのは、一度セットしてからくずすプロセスに秘密が。

最後のひと手間でキュッとまとめずにゆるめるのが彼女らのスタイリングのコツ。ヘアの分量感をUPしつつ、黒髪でも明るさを伴うアレンジで、東洋のパリジェンヌを極めましょう。

point
ツヤツヤ髪
仕上げで
清潔感を!
TREATMENT
WAX

point
部分カラーで
軽さを出して!

［クリップ留めスタイル］

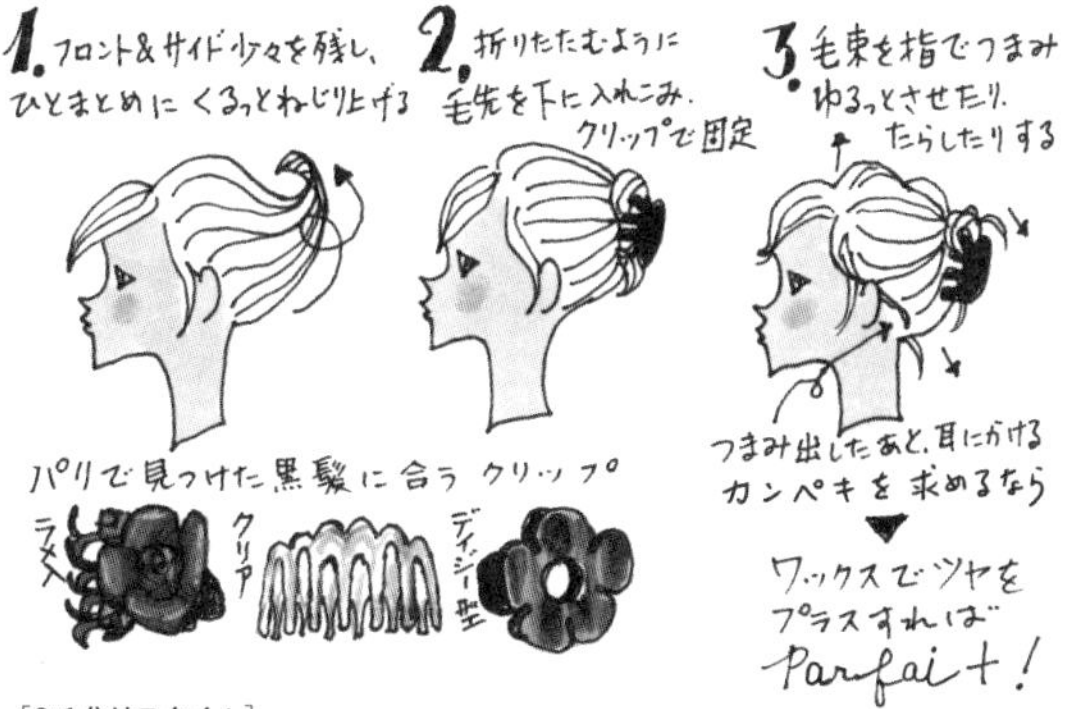
1. フロント&サイド少々を残し、ひとまとめにくるっとねじり上げる
2. 折りたたむように毛先を下に入れこみ、クリップで固定
3. 毛束を指でつまみゆるっとさせたり、たらしたりする
つまみ出したあと、耳にかける
カンペキを求めるなら
ワックスでツヤをプラスすれば
Parfait!
パリで見つけた黒髪に合うクリップ
ラメ入
クリア
デイジー型

［9:1分けスタイル］

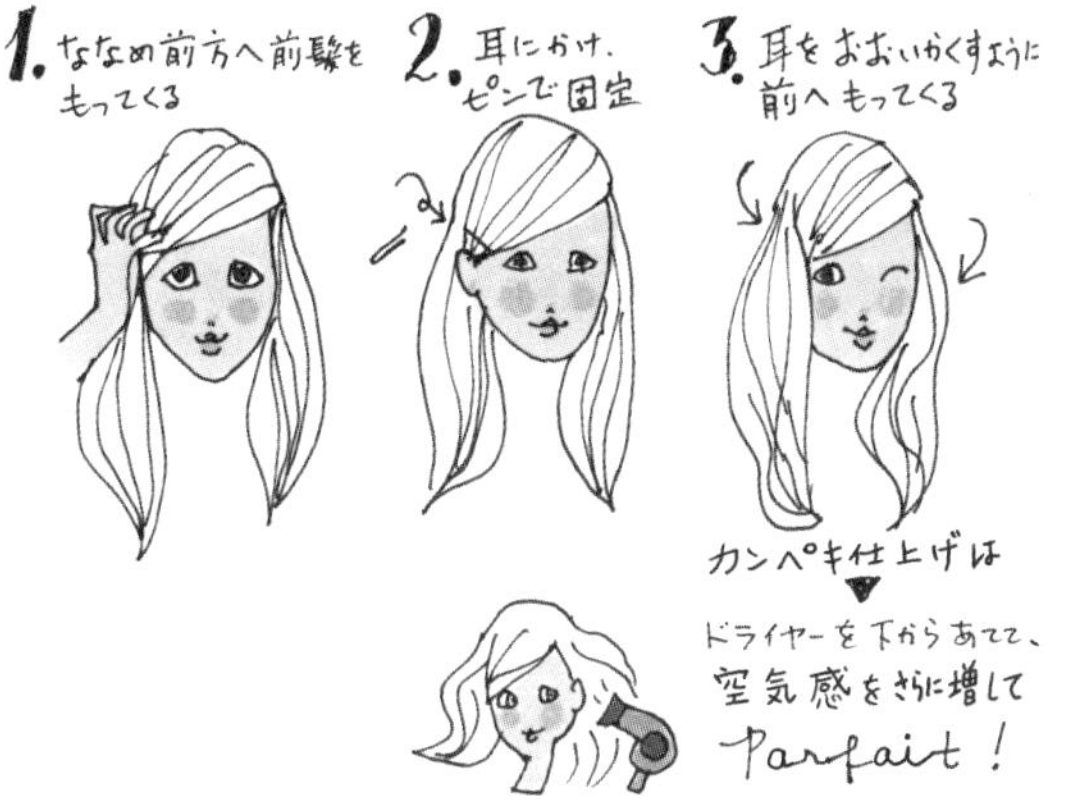
1. ななめ前方へ前髪をもってくる
2. 耳にかけ、ピンで固定
3. 耳をおおいかくすように前へもってくる
カンペキ仕上げは
ドライヤーを下からあてて、空気感をさらに増して
Parfait!

モノトーンの質感が、ジャポネーズとマッチする

軽い素材のモノトーンでスレンダー更新

黒髪でモノトーンにすると、ファッションに黒っぽい面積が多くなり、重く感じる人も多いと思います。

でも、黒髪だからこそ、モノトーンが無理なくなじむのです。上手に使えばスタイリングの幅が広がり、ますます細身になる可能性も。

重さを感じたら、軽い素材やタイトなシルエットを意識すればノープロブレム。パリ流をそのまま取り入れると少し抵抗があるコーディネートやアレンジを、日本の文化、環境、習慣に合わせて描きました。

スマート効果のパリ流と髪の光沢、肌のマットな質感との相乗効果で、パリジェンヌより魅力的になれるはず。ワンパターン？　暗い？　敬遠せず、もっと私たちならではのモノトーンを追求して楽しみましょう。

女子会、ランチ
ボウタイ外しも女子だけならOK
夜遊び
パリ流着くずし全開♪でもヘアはコンパクトに
ブレスレットはゴムタイプ(音防止)
ホームパーティ
スパンコールのチラリズムが控え目で日本的♡
バニラ色のシルクブラウスは日本人に似合う
春の行事
ヒップが小さい日本人だから、白スカートやボリューミーなスカートがハマる
セカンドはエコBagで地球に優しく
脱ぎやすい靴

結婚式、お祝いの席
パールは日本女性のしっとり美肌と相性バッグン☆
肌を広くは出せないけれど、そでにさりげなく
デート
甘めワンピースに辛め、ハードなJKをオン！
二面性を見せて
夏休み
キャミ一枚は抵抗あっても、
シャツをラフにはおってEnjoy！

ほほえみ顔を真似たメイクが、ほおを引き締め好印象

左右対称が笑顔メイクのポイント

一時帰国したとき、何事もつい「外国人目線」になっていた私。そんな中、いちばん癒《いや》されたのが日本人の「笑顔」。小さく切れ長の目は、笑うと一文字を描き、白目が消え、優しさや安心感をもたらすのです。世界中の観光客にも笑顔の応対は好評ですよね。

この癒し顔を、メイクに取り込めばいつだって好印象です。西洋人顔では無理！小振りなパーツだからできるメイクです。

参考にするのは、西洋の美の基準「左右対称」。なるべく左右のパーツが同じ形になるように心がけます。

ほほえむときの表情
Points
1. やさしいソフトなまゆ
2. 下まぶたのふくらみ
3. 紅潮したほお
4. 上がる口角
好印象な上に、引き締め効果も
表情も意識していればエクササイズにも♡
「この顔型」を定着させて！
真顔が「ほほえみ顔」に近ければ、どんな場面もおだやかな印象

✦ほほえみメイクでもっとアジア美人✦

左右対称をなるべく心がけ、バランス美もはかる

1. まゆは6〜8ミリの太さは欲しい。ペンシルはうす〜く
ムラがある方が立体的になる
キレイにしすぎると平面顔に
2. 目頭と下まぶたに2mmのハイライトを
3. チークは肌色＋30%の濃度が健康的
4. 口角に一段明るめ肌色のコンシーラを塗る
影になると下がって見える
明るくカバー

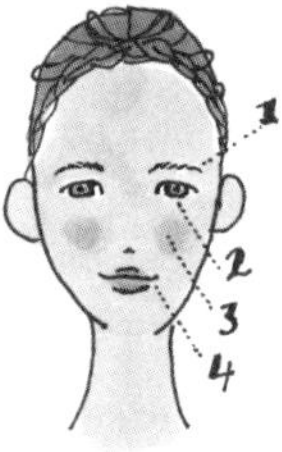
1
2
3
4

Parfait! Pour les très belles femmes asiatiques!

上下にキュッと縮んで
黒目のみになる笑顔はとびきりキュート!
接客時のスマイルは
大事な日本文化! 世界の人々を癒す
細い一文字の目だから
遠くからも
ほほえみがよくわかる

パリで身についた老いる喜び

女性としての「賞味期限」はあり得ない。年を重ねて、人としての階級を上げる人生を

ジュリー・デルピーは、私が常に注目しているフランスの女優。パリ生まれのパリジェンヌです。まるでフランス人形のように愛らしかった10代。20代ではアメリカに住み、語学や映像を学ぶことで専門分野の知識を身につけ、内面の強化を図りました。30代では監督業をつとめ、40代の今は女優業を卒業し、映画監督業への専念を計画しているようです。

キャリアは確実に進化しています。そんなジュリーも外見で言えばオデコ、目尻、口もとにしわが増え、将来の顔、「おばあちゃん」へ変化しているのが私にはわかります。いわゆる老化現象。ただしそれが女優業から退く理由ではないのは明白です。フランスでは、ジュリーのように生まれ持った美に依存することなく挑戦を続け、自

Column

分を試し、自らを鍛えられる人であれば、生涯現役の主役級女優でいられれます。日本で言えば、吉永小百合さんのような女優さんが数多く存在します。外見が老いたからって、出番がなくなりはしないのです。

私たち女性はとかく若く見られることに喜びを感じますよね。しかしパリに暮らして、その喜びはなくなったのです。

フランスでは、年長者が敬われているのを強く感じました。個人にスポットを当てれば、そりゃあいろいろと欠点もあると思います。頑固だったり、うるさい年長者だってたくさんいるでしょう。でも「全体」として見れば、人生の先輩として無理なく自然に敬意を込めている様子。その一端を見て取れる機会はたくさんありました。

たとえばバスでの出来事です。70代くらいのムッ

★Julie Delpy★ジュリー・デルピーの年の重ね方に憧れ
20ans
30ans
40ans

シューが白い杖を持って乗車してきたとき。推定50代のマダムがすぐに手を貸し、携帯で通話中のマドモアゼルに、手助けをするよう促しました。彼女は、すぐに携帯を切って指示に従い、ほかの乗客2人も加わり、ムッシューの「付き人」となって、目的地までアシストしていたのです。

傍観者の私は、何もしない自分が気の利かない子供のように思え、ひとりの大人として、とても恥ずかしくなりました。

マダムの先導に従う若者。機転を利かせるのも大人ならでは。年長者がリスペクトされる理由を理解できました。

年を重ねて顔や体は衰えても、人として敬われ、サポートされるのでハンデにはならない。そう感じ取り、老いる事に不安はなくなりました。逆に、若く見られてしまうと、内面の幼稚さを見抜かれたようでなんだか悔しく、せめて外見だけでも老けて見られたいくらいでした。

そんな自分の顔をながめてみると、あらま、だいぶ下がってきています。でもそれは当たり前の現象。「経験の証」として、堂々と見せるべきものだと思えるように。

Column

とはいえ、健康に見えるよう毎日のお手入れは欠かせませんが。

いつまでも若々しいのは健康上では良いことですが、外見上の若さに気をとられると、自身の行動においても限界を早めてしまうのではないでしょうか。年季からの揺るぎない存在感こそ、誇るべきだと街から教わり、ずいぶん気が楽になりました。


そんな価値観にパリジェンヌ、ジュリーの姿が重なります。コツコツと年をとらなければ身につかない経験と知識。それは女性としての「階級」を確実に上げていきます。そして今後、もっと高いステージが準備されているのです。

ちっぽけなしわやシミ、たるみに嘆く毎日や、若さを競うステージからは「卒業」し、フランス女性のごとく老いていく自分を楽しみ、たたえつつ生きていきたいものです。

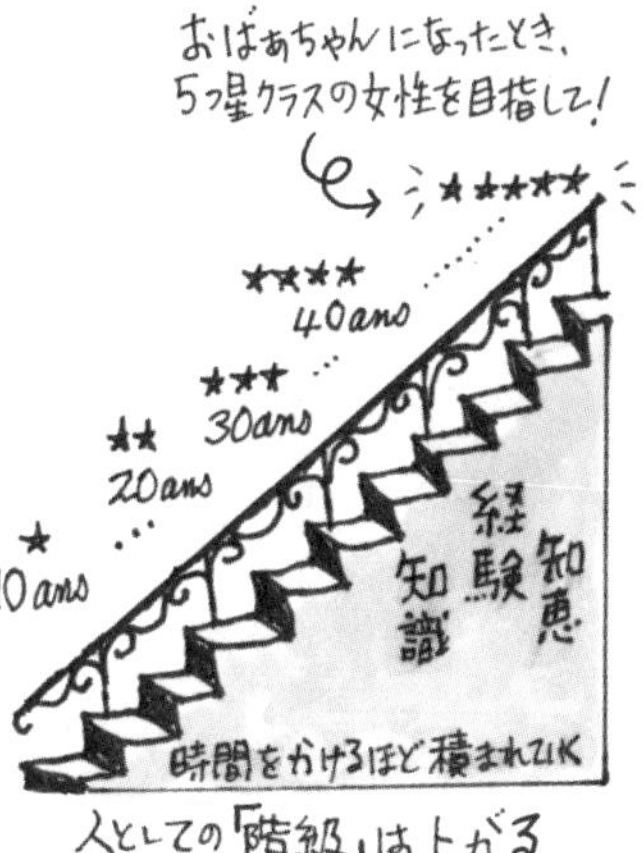
おばあちゃんになったとき、
5つ星クラスの女性を目指して!
★★★★★
★★★★
40ans
★★★
30ans
★★
20ans
★
10ans
経験
知恵
知識
時間をかけるほど積まれていく
人としての「階級」は上がる

Sketch!
Digital VS Analogique

デジタルVSアナログ

歩きながら携帯でおしゃべり。Wi-Fiカフェで調べものや宿題を。
メトロやバスでは読書。本屋さんはしょっちゅう立ち寄る大切な場所。
どちらにも偏らないのがパリジェンヌ。

見習うべきは、マダムのモノ言わせぬ
スーパー・マインドスリム術

年月をかけて表れる背中美。シニヨン、ベルト、足首見せでスタイルUP
重力とともに生きてきたから、そりゃいろいろと下がるわよ。
で、それが何か?
フツーのコトでしょ
TVのお天気マダム。セレブなミニドレス。60代?・文句ナシのキャリアで何を着てもスマート
使い込んだ脚
カッコイイ
ベルト結びにワザアリ!・上半身に細かな要素、下半身はスッキリと
売り上げが寄付になるブーケ。心もお金も余裕を見せる
Ces dames qui ont l'air mince

1ミリだって スマートに映るのは、ウレシイわ！
でも 無理するくらいなら
そのままで いいんじゃない？
おしゃれは 年や体の線に
関係なく、自由でいたい
からネ☆
美胸にすれば、年齢的な二のウデ、おなかのボリュームはささいな事となる
ひざ下のライン(カットワーク)でスラリ効果
すべてにサイズがジャスト。"見極め力"も磨かれるから着やせカンペキ
ジッパーを胸元ギリギリまで下げて上向きバスト
▲ハードな革トップス＝ストレッチ
▼やわらかシルクスカート＝ドレープ
互いが際立つWスリム感

パリジェンヌから熱視線、日本の女子高生スタイル

高校生時代のおしゃれ心が、パリジェンヌを超える！

私がパリで展示したファッション画作品の中で、とくに若いリセエンヌ、パリジェンヌから好評だったのが日本の女子高生を描いた一枚。紺のブレザーにミニのチェックスカートの、ザ・女子高生。ルーズソックスにしたのは、それとフォルムが似ているソフトクリームを片手に持たせるため。「クール」「カッコいい」「憧れる」といった、最上級の褒め言葉で女子高生のファッションを絶賛していました。

そういえば昔から、私たちは自分の意志とは関係のない「決められた型」の制服を、各々の体形に合わせて調整し、自分らしくいられる制服スタイルを楽しんでいましたよね？

これが、パリジェンヌのおしゃれマインドと一致しているのに気がつきました。

制約の中で、自分がいちばん美しく魅力的に映るように「アレンジ」するファッション。もちろんスマートにも見せるやり方。

16～18歳は、女性の一生の中で、もっともふっくらしやすい時期。また、それがとても気になる年代でもあります。とくに太ももの悩みが大きいとき。彼女らは上半身にボリュームを持たせ、気になる脚を思い切り出す事で、逆にやせ感を演出しています。これまで、「見た目マイナス3キロのスタイリング」のテーマで解説してきたパリジェンヌのおしゃれ術が、女子高生にもぴったり当てはまるのです。

ほかにも、脇の下に収まるバッグのボリュームで全体を整える方法、衿を開いて首長にしてフェミニンさを出すところなど、共通項を数え上げたらきりがありません。パリジェンヌたちが共感するのもうなずけます。

普通、人間は制約があればその中で丸く収まろうとするもの。しかし、われらが女子高生は、決まりの中でも自由でいられる部分を見つけて、したたかにモードに仕立てたのです。おとなしく収まっていては、あり得なかった格好です。その反逆と冷静さのまんなか、「プチ・パンク」精神が、パリジェンヌが一目置き「カッコいい」と評価をしているところだと思いました。

女子高生ファッションは、ほかからのコピーではなく、何かに似せて作られたものでもありませんよね？　自分たちの生活文化から自然発生したもの。過去のモード様式からの「〇〇風」に当てはまらないのは、ファッションとして前例がない証拠。「オリジナル」を大切にするパリ社会が女子高生ファッションを高く評価する理由は、この点がいちばん大きいと確信しています。

誰もが一度は着た経験がある制服が、パリジェンヌの憧れだったなんて。多感な時期にしみついた「アレンジ術」。これを思い出せば、パリジェンヌ流着やせおしゃれは、瞬く間に自分のものとなるはずです。

シルエットが同じ、女子高生とパリジェンヌ
Elle est cool!
たとえ太くても隠さないのも共通
ルーズソックスだったらもっと似てる
自分に合わせ、アレンジする能力も同等
「お仕着せ」に見せない「こなれ感」も一致
…
ensuite…

いかがでしたか?

全ページを通して、奇抜な格好で、際立つ人は見当たりませんよね?

個性的と言われるパリジェンヌですが、目立つ色で、人と違う服を着て、派手なメイクをして……というような、「浮く個性」ではないのがおわかりになったかと思います。ぱっと見には周囲となじみ、特別さはないのに、アイテムを自分にフィットさせることでその人らしい形や色、スタイルに進化させて個性につなげています。それがパリジェンヌの持つ、さりげなく美しい個性です。

着やせスタイリングは、ほかの誰でもない、あなたがいちばん美しく映えるおしゃれです。だからひとりひとり違う個性が生まれるのです。

そのためには、持って生まれた顔と体の「素」を大切に扱わなければ成り立ちません。顔や体の多くを濃いメイクや重たい服で覆って別人になるよりも、素のままでいられる方を選びます。

そう考えると、今自分が何を買うべきか、着るべきか、必要とすべきか、焦点がはっきりしてくるはずです。背負っていた重い荷物をひとつ降ろしたような感覚を覚えるかもしれません。

Epilogue

モノにも情報にも振り回されず、気持ちは整い、たたずまいは凛としてきます。金銭的にも余裕ができ、おしゃれ以外にも興味がわき、知識が増え、いきいきとしてきたら、それはもうパリジェンヌそのものです。

自分の軸からぶれずにいられて、人生が豊かになる、パリジェンヌ流。お役に立てますように。

本書の出版が実現するまでの長い時間を支えてくださった編集の前田香織さんと、端整な装丁で、スマートに仕上げてくださったセキネシンイチさんに心から感謝します。

また、友情以上とも言える愛情で、親身になって本書に携わってくださった、パリに住む長谷川たかこさんに敬意を込め、1000回のMERCIを贈ります。

最後に。これまでたくさんのメッセージや、エールをくださった、すべての読者のみなさまの存在が、本書執筆への活力になりました。

本当にありがとうございました。

米澤よう子

文庫版あとがき

パリの街に降り立ち、住まいを見つけ、暮らし始めて気づいたあれこれ。なかでも、パリジェンヌのスタイルに独自性を見いだしてから、それを描かずにはいられない毎日でした。

とはいえパリジェンヌたちのおしゃれは、あまりにも堅実。もしかしてパリっ子は「ファッションリーダー」どころか、「時代遅れ」なのかもしれない、とも思いました。しかし時を経て、私たち日本人をとりまく環境はゆるやかに変化し、物質的豊かさから精神的豊かさへと比重が移り、パリジェンヌのようなシンプルシックなおしゃれが日本女性の定番となっています。その結果、パリジェンヌたちのスタイルは、時代の先を行っていたのだと確信しました。

私がパリで見つけたのは一過性の「ファッション」ではなく、普遍的な「スタイル」。私自身が4年間実践し、手応えを感じたそのスタイルは、日本のみなさまにもきっと参考になるはずという思いを抱く一方で、読者の方の反応が不安でした。「着やせ」のタイトルで、「スリム」「減らす」をキーワードとして出版した本ですが、発売後に届いた幅広い年代の女性からのさまざまなご感想が、私の不安を拭ってくれました。

12歳から77歳までの多くの方から、読者はがきやお便りをいただきました。綴られていたのは、おしゃれが楽しくなり服が減ったこと、買い物の仕方が変わったこと、買い物を純粋に楽しめるようになったこと、コンプレックスがなくなったことなど。なかでも多かったご報告は、人からほめられるようになったこと。人の目を気にしたおしゃれから、「自分自身が楽しむ」ためのおしゃれに変わったはずなのに！　気づけば周囲の目線が違ってきたことの驚きやよろこびの文面は実にリアルで、とてもうれしいニュースでした。

印象的だったのは、「自分が愛しく、大切にできるようになった」とのご感想です。

パリジェンヌのスタイルは、「格好」から真似をしたとしても、じわじわと「心」にしみ込んできて、考えや価値観をも変えてしまうような魔力があります。

気に入るアイテムを探し、試し、手に入れ、スマートにスタイリングし、それを着回して楽しむ。そうしていると、ほかの誰でもない、自分自身が際立ってきます。その心境をセリフで表現するならば、フランス語風には「今の私、思っていたほど悪くないじゃない？」日本語では「もしかしてありのままの私でいいのかも？」という感じでしょうか。

「パリ」から「おしゃれ」を経由して、たどり着く先は自分自身。でも「終着駅」はありません。人生は続きます。そんななか誇れるのは、パリジェンヌ流スタイルの持続力です。その源は、体と心のバランスチェック習慣。外側を鏡で見つつ、心も使う。つまり、今の格好が自分の身の丈かどうかを客観的に見て考える習慣。

それにより、年とともに着る服もスタイルもごく自然に更新され、時代の流れからも取り残されませんから、焦らずマイペースを保てます。人生と「セット」で、飽きずに続くはずです。

そして今後、新たに取り組めることもあります。私が帰国してほどなく物を減らす風潮になり、たゆまぬ努力をする日本人気質を、日々肌で感じています。かたや、身の回りのあらゆることを減らす術が身についているパリジェンヌたち。物のみならず、ときにはやるべき事をも2割減らして無理しない姿をたくさん目にしました。そんな風に、私たちももっと楽に過ごしていいのかもしれませんね。

心身ともにちょっと軽くなるような感覚を覚える、真のパリジェンヌ流の生き方を、これからもご一緒できれば幸いです。

2016年　米澤よう子

身も心も軽くネ★
でも、自分を軽く見ちゃダメー！人生は続くから……♥
La vie continue…
yoko.

この作品は二〇一二年十二月小社より刊行されたものに
加筆修正をしました。

幻冬舎文庫

●最新刊
世界一の美女になるダイエット
エリカ・アンギャル

美しい人は、何を食べ、何を食べないのか――？　世界一の美女を育ててきた栄養コンサルタントが教える68の食事ルール。食べないダイエットは、もうやめて。壊れない美の土台を作るためのバイブル。

●最新刊
「おしゃれな人」はおしゃれになろうとする人
大草直子

私らしい、笑顔でいるために――。ベネズエラ人の夫と三人の子供たちに囲まれ、大忙しだけどハッピーな毎日を送る人気スタイリストが、「幸せ」のヒントを伝授するライフスタイルエッセイ。

●最新刊
美しい朝で人生を変える
藤原美智子

夜型のヘア&メイクアップアーティストは5時半起床によって生き方がシンプルに。「朝型の効果は肌にあらわれる」「アイメイクは朝のお風呂から始める」など美しくなる朝の秘訣がたっぷり。

●最新刊
運もいい人も引き寄せる美人になる方法
ワタナベ薫

美人の秘訣は、外面と内面のバランス。体形、性格など、それぞれを平均点にするだけで印象ががらりと変わる。3ヵ月の意識改革で誰でも美人になれる！　人気メンタルコーチが教える25の方法。

●最新刊
オクテ女子のための恋愛基礎講座
アルテイシア

彼氏が欲しいし結婚もしたいけど、自分から動けない……。そんなオクテ女子に朗報！　「モテないと言わない」「エロい妄想をする」「スピリチュアルに頼らない」など、超実践的な恋愛指南本。

幻冬舎文庫

●最新刊
ゴルフを愛してやまないあなたへ
それ、ＯＢですよ！
伊藤洋介

プレー前夜は興奮のあまり眠れなくなるアマチュアゴルファーの哀しき習性を、自戒を込めてツッコミまくる痛快ゴルフ〝あるある〟エッセイ。爆笑？　失笑？　思い当たる人は「ＯＢ」ですよ！

●最新刊
もう、背伸びなんてすることないよ
宇佐美百合子

疲れたなぁって思ったとき、悲しみに沈んでいるとき、何度でも開いてみてください。心に沁みる、お気に入りの言葉がきっと見つかります。癒しの名言満載のロングセラー、待望の文庫化！

●最新刊
主婦と演芸
清水ミチコ

「重箱のスミ」でキラリと光るものを、独自の目線でキャッチして、軽快に綴る。芸能の世界と家庭の日常を自由自在に行き来するタレントの、7年間の面白出来事を凝縮した日記エッセイ。

●最新刊
辛酸なめ子の現代社会学
辛酸なめ子

現代ニッポン、丸わかり！　モテ、純愛至上主義、スローライフ、ＫＹ、萌え……「ブーム」の名で艶やかに仮装した現代の素顔とは？　前人未到の分析でニッポンを丸裸にした圧巻の孤軍奮闘。

●最新刊
心配しないで、モンスター
平安寿子

超然と老いたいのに、じたばたするばかりの金森カナエ。舟唄ばりの不倫にどっぷりな桑原カオル。ピンク・レディーのコスプレにはまった落合光弘……。音楽に背を押され進む9人の物語。

幻冬舎文庫

●最新刊
高山ふとんシネマ
高山なおみ

布団の中で映画を見、音楽を聴き、本を読んで、夢をみる。大好きな人の声を、忘れたくない風景を、何度も脳に刻み、体にしみこませる。人気料理家が五感を使って紡ぐ、心揺さぶる濃厚エッセイ。

●最新刊
女もたけなわ
瀧波ユカリ

『臨死!! 江古田ちゃん』の著者による、恥をかいたり後悔したりしながら「たけなわ期」を懸命に生きる女性へ向けた、痛快でリアルで深いエッセイ。切なすぎて笑える！ 意外と役に立つ!?

●最新刊
オトーさんという男
益田ミリ

なんでもお母さんを経由して言う。二人きりになると話すことがない。私物が少ない。面倒だけど、完全には嫌いになれないオトーさんという男をエッセイと漫画で綴る。心がじんわり温まる一冊。

●最新刊
まいにち有頂天！
日替わり31のことば
森見登美彦

著者の作品中もっとも壮大なシリーズ『有頂天家族』『有頂天家族 二代目の帰朝』より、「面白きことは良きことなり」を信条に生きる阿呆な主人公たちのことばを厳選したポストカードブック。

●最新刊
人生の旅をゆく2
よしもとばなな

育児も家事も小説執筆も社長業も忙しく心がなくなりそうだった時。陶器のカップの美味しいコーヒーを車の中に持ち込み飲んでみたら、新しい風が吹いてきた。自分なりの人生を発見できる随筆。

パリジェンヌ流《りゅう》 着《き》やせスタイリング

米澤《よねざわ》よう子《こ》

平成28年2月10日　初版発行

発行人――石原正康
編集人――袖山満一子
発行所――株式会社幻冬舎
〒151-0051東京都渋谷区千駄ヶ谷4-9-7
電話　03(5411)6222(営業)
　　　03(5411)6211(編集)
振替00120-8-767643
印刷・製本―株式会社 光邦
装丁者――高橋雅之

幻冬舎文庫

ISBN978-4-344-42445-6　C0195　よ-25-1

幻冬舎ホームページアドレス　http://www.gentosha.co.jp/
この本に関するご意見・ご感想をメールでお寄せいただく場合は、
comment@gentosha.co.jpまで。